에너지 시장의
이론과 정책

김대욱, 박창수 공저

숭실대학교 출판국

에너지 시장의 이론과 정책

초판발행 2012년 7월 20일
지은이 김대욱, 박창수
펴낸이 김대근

펴낸곳 숭실대학교 출판국
서울 동작구 상도동 511

등 록 제14-2호(1982.1.25)
TEL.02-820-0771~2
FAX.02-817-5297
http://press.ssu.ac.kr

찍은곳 한컴인쇄정보
TEL.02-2274-3394~5
FAX.02-2274-3397

값 15,000원

ISBN 978-89-7450-285-0 93320

머리말

우리나라는 세계 10위의 에너지 소비국가로서 우리나라의 에너지 소비는 지속적으로 확대될 것으로 예상되고 있다. 그러나 총 소비에너지의 약 97%를 해외 수입에 의존하고 있고, 특히 석유는 중동에서 82%를 수입하는 등 에너지 수요와 공급 구조는 매우 취약한 상황이다. 한편, 세계가 기후변화에 대응하기 위하여 기후변화협약 교토의정서가 2005년 2월에 발효되고 온실가스 배출억제를 위한 국제적 환경 규제가 더욱 강화될 전망이다.

이에 따라, 미국과 중국 등 세계 각국은 거대 자본을 앞세워 원유 등 에너지 · 자원의 확보를 위해 경제적 · 외교적 경쟁을 펼치고 있으며 석유를 포함한 화석연료의 고갈에 대비하기 위하여 에너지 효율개선과 태양광 · 풍력 등 신 · 재생에너지의 개발과 보급을 통해 앞으로 다가올 에너지 위기에 대응하기 위한 노력을 하고 있다.

우리나라도 향후 지속 가능한 경제성장을 위해서는 에너지 수급시스템의 선진화, 화석연료의 고갈과 고유가 시대를 극복하기 위한 국내외 자원개발과 에너지 소비효율을 개선, 원전 · 신재생에너지 등 청정에너지 중심으로 에너지 수급구조 개선, 국제적 환경규제 극복과 기후변화협약에 대응하기 위한 온실가스 감축을 통한 에너지 저소비형 경제 구조 등 에너지 관련 정책의 중요성이 점증하고 있는 실정이다.

에너지와 관련된 정책 수립 등이 중요함에도 이를 학문적으로 분석하기 위한 교재는 국내에 불과 소수만 존재한다. 이와 관련된 이론이나 정책 분석은 그 동안 주로 환경경제학에서 주로 다루어 왔다. 즉, 에너지 관련 분야는 환경경제학의 일부분에 포함되어 대학 교육이 이루어져 오고 있다. 따라서 에너지 분야에만 초점을 맞춘 이론 및 정책 관련 '에너지 경제학' 교재 개발이 절실히 필요한 측면이 있다.

이러한 수요를 충족시키기 위해 본 교재는 지식경제부가 지원하는 '스마트그리드 기술융합 고급트랙' 사업의 일환으로 개발되었다. 하지만 아직 부족한 내용이 많기 때문에 이에 대한 보완은 추후 개정을 통해 이루어지기를 기대한다.

2012년 6월

저자일동

목차

표목차

그림목차

Ⅰ. 에너지경제학이란

본 장은 에너지에 대한 정의, 그리고 에너지 경제학에 대한 정의에 관하여 다루고 있음. 일반적으로 1970년대 원유 가격의 급등으로 인한 소위 '석유파동' 을 전 세계적으로 겪으면서 에너지에 대해 관심이 높아지고 시작함. 이에 따라 에너지에 대해 경제학자뿐만 아니라 정책 입안자들이 관심을 갖기 시작하면서 경제학의 한 분야로 이론과 응용에 관한 연구가 본격적으로 시작됨.

에너지(energy)란[1]

○ '에너지' 란 용어는 1970년대부터 본격적으로 사용되기 시작함.

- 1973~1974년에 원유 가격이 급격히 증가하기 시작하면서 '에너지' 란 용어의 사용이 일반화되기 시작함.

○ 인간이 활동하는 근원이 되는 힘. 또는 『물리』에서는 기본적인 물리량의 하나. 물체나 물체계가 가지고 있는 일을 하는 능력을 통틀어 이르는 말로, 역학적 일을 기준으로 하여 이와 동등하다고 생각되는 것, 또는 이것으로 환산할 수 있는 것을 의미함. 에너지의 형태에 따라 운동, 위치, 열, 전기 따위의 에너지로 구분함.

- 에너지란 일을 할 수 있는 능력과 물리학적 일로 환산되는 모든 양의 총칭임. 석유, 석탄, 천연가스, 수력, 원자력, 지열 등의 1차 에너지는 최종적으로 전력, 도시가스, 가솔린, 등유 등 2차 에너지의 형태로 소비됨.

---

1 표준국어대사전(국립국어원, http://www.korean.go.kr)과 Naver 지식사전 (http://terms.naver.com)(http://terms.naver.com)

에너지경제학(energy economics)[2]

○ 에너지관련 주제들은 1세기 이상 동안 경제적 관점에서 분석되어 옴.

- 하지만 1970년대 초반(1973~1974) 제1차 석유파동 이후 에너지 경제학이 특정 학문으로 발전하기 시작함.
- 석유 가격이 급격히 상승함에 국가의 경제개발에 있어 에너지의 중요성이 크게 부각됨.
- 석유 파동 이후 경제학자와 심지어 정책 입안자들이 에너지 연구에 관심을 갖게 되었고, 오늘날 에너지 경제학이 고유 학문 분야로 인식됨.

○ 다른 경제학 분야와 마찬가지로 에너지 경제학은 경제의 희소 자원을 배분하는 경제의 기본 문제를 다룸.

- 따라서 에너지의 공급(supply)과 수요(demand)와 같은 미시 경제학적 요소와 투자(investment) · 재원조달(financing)과 같은 거시 경제학적 요소 등이 에너지 경제학의 핵심적인 주제임.

○ 에너지 경제학이 다룬 주제는 그 동안 변천되어 옴.

- 1970년대 에너지 경제학은 에너지 산업, 특히 석유 산업을 이해하는 것에 집중되었고 이와 관련하여 에너지 대체(energy substitution)와 신재생 에너지(renewable energy)가 관심 주제였음.

---

2 표준국어대사전(국립국어원, http://www.korean.go.kr)과 Naver 지식사전 (http://terms.naver.com)

- 1980년대 에너지 사용과 경제개발에 따른 환경 문제가 에너지 경제학의 관심사가 됨.

- 1990년대는 기후변화(climate change)와 글로벌 및 국부적인 환경 문제가 에너지 경제학의 관심사로 지속됨과 동시에 에너지 시장의 자유화(liberalization)와 구조조정(restructuring)이 전 세계적으로 확산됨.

- 최근에는 고유가, 에너지 고갈과 희소성, 기후변화, 그리고 에너지 시장 자유화 대신 정부 간섭(government intervention)에 대한 논쟁 등으로 관심이 이동함.

○ 따라서 본 교재는 에너지 분야가 직면하고 있는 이슈들을 이해하고 분석하기 위하여 적용 가능한 기본적인 경제 분석 틀과 개념 등을 서술하고 우리나라의 주요 에너지원별 시장 구조와 정책 등을 살펴볼 것임.

II. 에너지 분류와 에너지 밸런스 표

본 장은 에너지에 대한 분류와 에너지 밸런스 표를 해석하는 방법 등을 다루고 있음. 에너지는 1차 에너지와 2차 에너지로 분류되며, 재생에너지와 고갈 에너지로 분류하기도 함. 에너지 수급밸런스 표는 일정 기간 동안 일정 지역의 개별 에너지원 또는 에너지 상품의 생산, 수입, 수출과 최종 소비에 이르는 각 에너지 또는 에너지 상품의 공급과 소비 간의 모든 거래의 흐름을 나타내는 표임. 따라서 에너지 수급 밸런스 표를 통해 경제주체와 에너지 흐름에 관한 다양한 정보를 파악할 수 있음.

1. 에너지의 분류

○ 앞 장에서 언급하였듯이 에너지란 일을 할 수 있는 능력과 물리학적 일로 환산되는 모든 양의 총칭이라 할 수 있는데 에너지원(energy source)은 인간이 이용 가능한 에너지를 얻을 수 있는 원천으로 자연계에 널리 존재함.

○ 에너지는 생산 방식에 따라 1차 에너지(primary energy)와 2차 에너지(secondary energy)로 분류 가능함.

- 1차 에너지란 자연계로부터 얻을 수 있는 에너지로서 석탄(coal) · 석유(crude oil) · 천연 가스(natural gas)와 같은 화석 에너지(fossil energy)와 태양열(solar power) · 지열 · 조력 · 파력 · 풍력 · 수력과 같은 자연 에너지가 있음.

- 2차 에너지는 변환(transformation) 또는 전환(conversion) 과정을 거쳐 1차 에너지로부터 얻어진 에너지임. 석유제품(oil products) 또는 전기(electricity)는 정제(refining) 과정이나 발전(electric generation) 과정이 필요하기 때문에 대표적인 2차 에너지라 할 수 있음.

○ 재생(renewable) 에너지와 고갈(non-renewable) 에너지

- 태양열, 풍력, 수력 등은 자연계에 존재하는 에너지원으로 영구

적으로 사용 가능하기 때문에 재생 에너지(renewable energy)라 함.

- 석탄, 석유, 원자력 등은 자연계에 존재하는 에너지원이지만 사용량이 증가함에 따라 고갈되는 특성을 갖고 있음.

○ 일상 생활에서 사용되는 2차 에너지를 생산하기 위해서는 에너지 손실이 따르게 됨.

- 예컨대, 2차 에너지인 전력을 생산하기 위하여 1차 에너지인 석탄과 석유 등을 연소시켜 수증기를 만들고, 터빈을 돌려서 전기를 생산하는 화력 발전소(thermal power plant)의 경우 열손실이 따르게 됨.
- 인간이 사용할 수 있는 에너지원의 종류와 범위는 그 시대의 사회 · 경제 · 기술적 조건에 따라 결정된다고 볼 수 있음.

2. 에너지 수급밸런스

에너지 수급 밸런스 표의 개요

○ 에너지 수급밸런스(energy balance)는 유량(flow)의 개념으로 일정 기간 동안 일정 지역의 개별 에너지원 또는 에너지 상품의 생산, 수입, 수출과 최종 소비에 이르는 각 에너지 또는 에너지 상품의 공급과 소비 간의 모든 거래의 흐름을 각 에너지원의 측정 단위를 두 가지 기준을 이용하여 나타내는 표임.

○ 에너지 밸런스의 구조는 일반적으로 에너지원을 가로축에, 에너지 수급량을 세로축에 나타냄.

- 가로축인 각 열(column)은 주요 에너지 상품들이라 할 수 있는 석탄, 석유, 천연가스, 도시가스, 수력, 원자력, 전력, 열에너지, 신재생에너지 등의 순으로 나열됨.

- 세로축인 각 행(row)은 에너지 공급, 전환(transformation), 그리고 최종 수요(final use)를 나타내는 세 부분으로 이루어져 있음(〈표 Ⅱ-1〉 참조).

〈표 II-1〉 에너지 밸런스 표(Energy Balance Table)의 주요 항목

항목	구분
생산(Production: +)	에너지 공급 (Supply)
수입(Imports: +)	
수출(Exports: -)	
국제벙커링(Bunkers: -)	
재고증감(Stock Change: + 또는 -)	
통계오차(Statistical Difference: + 또는 -)	
1차 에너지소비(Primary Energy Consumption)	전환 (Conversion)
에너지전환(Transformation: -	
발전(Electric Generation)	
지역난방(District Heating)	
가스제조(Gas Manufacturing)	
자가소비 및 손실(Own Use and Loss)	
최종에너지소비(Final Energy Consumption)	수요 (Demand)
산업부문(Industry)	
수송부문(Transportation)	
가정부문(Residential)	
상업부문(Commercial)	
공공부문(Public)	

자료: 지식경제부 · 에너지경제연구원, 에너지통계연보, 2011.

○ 에너지 밸런스에서 에너지 제품의 국내 공급은 생산, 국제 교역(수입-수출), 국제벙커링, 재고증감, 그리고 통계오차 등으로 구성됨.

- 에너지 생산은 한 국가 내에서 생산된 에너지로서 시장에서 거래 가능한 것임. 하지만 시장 거래가 가능한 것 중에서 사용 또는 재고가 가능하지 않는 것은 제외됨.

- 에너지의 국제 거래는 국가간 거래에서 발생하는 것으로 수입(import)은 국내 사용을 위해 들어온 에너지이며, 수출은 외국에서 사용되기 위하여 유출되는 에너지임. 따라서 수입은 국내 에너지 공급을 증가시키는 요소이기 때문에 (+)로 표기되면, 수출은 국내 에너지 공급을 감소시키는 요소이기 때문에 (-)로 표기됨. 따라서 에너지의 순수입이 국내 에너지의 공급으로 반영됨.

- 국제 항해를 위한 선박이 사용하는 연료는 벙커(bunker)라는 항목으로 분류됨. 이 항목은 선박이 어느 국가에 등록되어 있든 상관없이 선박에 주입되는 에너지로서 국내 에너지 공급의 감소를 의미함.

- 에너지 재고 증감은 에너지 공급과 수요의 변동에 완충 작용을 한다고 볼 수 있음. 에너지 재고 증감은 에너지 공급자, 에너지 수입업자/수출업자, 그리고 소비자에 의해 영향을 받음. 에너지 재고 증감은 연초 재고와 연말 재고의 합으로 결정되는데, 연초 재고는 에너지 공급에 (+)로 연말 재고는 (-)로 기입되어 연초재고와 연말재고의 합이 (+)이면 에너지 공급은 증가하고, 합이 (-)이면 에너지 공급은 감소하게 됨.

- 통계오차는 집계된 에너지 공급량과 실제 에너지 공급량의 불일치를 조정하는 항목임.

○ 에너지 밸런스 표에서 전환(conversion) 부문은 물리적 변화 또는 화학적 변화 등을 통해 1차 에너지(primary energy)가 2차 에너지(secondary energy)로 전환되는 것을 의미함.

- 1차 에너지가 전환되는 과정에서 투입으로 사용되는 에너지는 (−)로, 생산되는 에너지는 (+)로 표기됨.
- 일반적으로 사용되는 전환 과정은 원유 정제(oil refining), 발전(electric generation), 가스 제조, 석탄으로부터 코크 생산(coke production), 지역난방(district heating), 자가소비 및 손실(own use & loss) 등임.
- 자가소비와 손실은 에너지 산업에 의해 사용되는 에너지와 파이프라인과 전력망을 통한 에너지의 송출과 배분(transmission and distribution) 과정에서 손실된 에너지이기 때문에 소비자들에 의해 사용되는 에너지 유량(flow)을 감소시키는 요소임. 따라서 이들 항목은 일반적으로 (−)로 표기됨.
- 에너지 산업의 에너지 소비는 에너지 생산 과정(원유 정제, 발전, 석탄 채굴, 유전 등)에서 발생하는데, 자가 소비는 본질적으로 에너지 소비이기 때문에 에너지 수요의 일부라 할 수 있지만 다른 경제 주체들의 에너지 사용을 명확히 파악하기 위하여 별개로 분리되어 집계됨.

○ 에너지 밸런스 표의 마지막 부문은 최종 소비자에게 이용 가능한 에너지 유량을 나타냄. 에너지의 최종 수요는 1차 에너지 소비량 중에서 전환 부문이 사용하고 남은 것으로 국내 소비에 이용 가능한 잔여량임.[3]

- 최종 에너지 소비는 산업부문, 수송부문, 가정부문, 상업부문, 그리고 공공부문으로 구성됨.

- 현재 우리나라 산업부문은 농림어업, 광업, 제조업, 건설업 등으로 세분되며, 제조업은 10개 업종과 기타에너지로 분리되는데 10개 제조업종은 음식 · 담배, 섬유 · 의복, 목재 · 나무, 펄프 · 인쇄, 석유 · 화학, 비금속, 1차금속, 비철금속, 조립 · 금속, 기타제조 등임.

- 수송부문은 철도운수, 육상운수, 수상운수, 항공운수 등으로 세분화되어 에너지 밸런스 표가 작성되고 있음.

우리나라 에너지 수급 밸런스 표의 실제 사례

○ 〈표 Ⅱ-2〉는 우리나라의 에너지 밸런스를 축약하여 개별 에너지원의 고유 측정 단위를 이용하여 각 에너지원의 모든 흐름을 보여주고 있음.

- 석탄은 톤(ton), 석유는 배럴(Bbl: Barrel), 천연가스는 톤, 도시가스는 세제곱미터(㎥), 수력 · 원자력 · 전력은 GWh, 그리고 열에너지 · 신재생 에너지 · 합계는 toe로 나타냄.

- 〈표 Ⅱ-2〉에서 1차 에너지 소비는 국내생산, 수입, 수출, 국제벙커링, 재고증감, 그리고 통계오차의 합으로 정의됨.

---

3 에너지 순공급(net supply)은 에너지 공급량에서 전환부문의 에너지 소비량을 차감하여 집계되며, 에너지 순수요(net demand)는 최종 에너지 수요 측면에서 집계됨. 그리고 이론적으로 에너지 순공급은 에너지 순수요와 일치해야 함. 하지만 두 항목이 일치하는 것은 현실적으로 어렵기 때문에 통계오차를 전환부문에서 집계하는 경우도 있음. 하지만 우리나라는 현재 에너지 공급부문에 통계오차를 집계하고 있음.

– 1차 에너지 소비는 다시 에너지 전환과 최종에너지소비의 합으로 구해짐. 즉, 1차 에너지 소비는 에너지 전환 부문과 최종에너지 소비부문으로 나누어짐.

- 에너지전환부문은 발전, 지역난방, 가스제조, 그리고 자가소비 및 손실로 분리됨.
- 최종에너지 소비는 산업부문, 수송부문, 가정부문, 상업부문, 공공부문으로 세분화됨.

〈표 II–2〉 우리나라 에너지 수급 밸런스 (2010) : 고유단위 기준

	석탄	석유	천연가스	도시가스	수력	원자력	전력	열에너지	신재생 에너지	합계
	Coal	Oil	LNG	Town Gas	Hydro	Nuclear	Electricity	Heat	Renewable	Total
	1000 ton	1000 Bbl	1000 ton	10^6 m^3	GWh	GWh	GWh	1000 toe	1000 toe	1000 toe
국내생산	2,084		415		6,472	148,596			6,064	40,912
수입	113,502	1,215,775	32,603							279,649
수출		-341,784								-48,224
국제벙커링		-49,341								-7,569
재고증감	385	-3,830	-919							-1,532
통계오차	3,351	-26,541	984							-627
1차 에너지소비	119,321	794,278	33,083		6,472	148,596			6,064	262,609
에너지전환	-77,513	-26,892	-33,083	19,982	-6,472	-148,596	434,160	1,718	-718	-68,777
발전	-77,513	-19,967	-14,648	-874	-6,472	-148,596	474,552	1,073	-718	-63,191
지역난방		-2,021	-651	-1,097				713		-1,609
가스제조		-4,904	-17,571	21,118						-1,040
자가소비및손실			-213	835			-40,392	-68		-2,937
최종에너지소비	41,808	767,386		19,982			434,160	1,718	5,346	193,832
산업부문	39,949	442,511		6,947			223,171		4,215	115,155
수송부문		263,945		1,054			2,191		357	36,938
가정부문	1,859	31,674		9,334			61,194	1,531	72	21,666
상업부문		19,978		2,504			120,619	145	33	15,589
공공부문		9,279		144			26,985	42	669	4,483

주 : 에너지 수급밸런스 표에서 빈 칸은 해당 에너지가 사용되지 않고 있음을 의미함.

자료: 지식경제부 · 에너지경제연구원, 에너지통계연보, 2011.

○ 〈표 Ⅱ-2〉를 통해서 알 수 있듯이, 각 항목별로 각 에너지원의 자료를 포함하고 있기 때문에 횡단면 자료(cross-section data) 및 시계열 자료(time-series data)를 이용하여 에너지량 수준(level)과 에너지 믹스(energy mix)의 변화를 분석할 수 있음.

- 또한 석유의존도(oil dependency)나 에너지 수입 의존도(import dependency) 등의 지표 등도 에너지 밸런스 표를 이용해 계산할 수 있음.

- 산업별 에너지 사용량 추이, 에너지 믹스 등을 비교할 수 있으며 이에 따라 온실가스 배출량 추정도 가능함.

○ 각 에너지원별로 에너지량을 고유단위를 사용하게 되면 에너지원간 비교, 석유의존도, 에너지 수입 의존도 등을 파악하기 어려움. 따라서 서로 다른 단위를 단위 환산 계수(unit conversion factor)를 이용하여 단일 단위로 통일할 필요가 있음.

○ 〈표 Ⅱ-3〉은 일부 에너지원의 열량 환산기준을 제시하고 있음. 에너지원별 고유단위의 자료를 단일 단위로 전환할 때 가장 일반적으로 사용되는 환산 단위는 석유환산계수를 이용한 석유환산톤(TOE: Ton of Oil Equivalent)임.

- 석유환산톤은 각 에너지원의 발열량에 기초해서 이를 석유의 발열량으로 환산한 것으로 석유환산계수는 에너지원별 발열량을 1kg = 10,000kcal로 환산한 값을 의미함.

- 에너지원별 발열량(heating value)은 '총발열량'과 '순발열량'으로 나눌 수 있는데 총발열량은 연료의 연소과정에서 발생하는 수

증기의 잠열을 포함한 발열량을 의미하고, 순발열량은 총발열량에서 수증기의 잠열을 제외한 발열량을 가리킴. 따라서 수증기의 잠열로 인해 순발열량 기준의 환산 값이 일반적으로 낮음. 하지만 전력의 경우 수증기 잠열이 없기 때문에 총발열량 환산 값과 순발열량 환산 값이 동일함.

○ 각 에너지원의 에너지 자료는 (고유단위의 값×석유환산계수)를 통해서 석유환산톤으로 전환 가능함.

〈표 II-3〉 일부 에너지 열량 환산기준

에너지원	단위	총발열량 기준			순발열량 기준		
		kcal	MJ환산	석유환산 계수	kcal	MJ환산	석유환산 계수
원유	kg	10,750	45.0	1.075	10,100	42.3	1.010
휘발유	l	8,000	33.5	0.800	7,400	31.0	0.740
경유	l	9,050	37.9	0.905	8,450	35.4	0.845
BC유	l	9,900	41.4	0.990	9,350	39.1	0.935
천연가스(LNG)	kg	13,000	54.5	1.300	11,750	49.2	1.175
도시가스(LNG)	Nm³	10,550	44.2	1.055	9,550	40.0	0.955
도시가스(LPG)	Nm³	15,000	62.8	1.500	13,800	57.8	1.380
국내무연탄	kg	4,650	19.5	0.465	4,600	19.3	0.460
수입무연탄	kg	6,550	27.4	0.655	6,400	26.8	0.640
유연탄(연료용)	kg	6,200	26.0	0.620	5,950	24.9	0.595
유연탄(원료용)	kg	7,000	29.3	0.700	6,750	28.3	0.675
코크스	kg	7,050	29.5	0.705	7,000	29.3	0.700
전력	kWh	2,150	9.0	0.215	2,150	9.0	0.215

비고 1. 1 cal = 4.1868 J로 함.
2. MJ = J로 함.

자료: 지식경제부 · 에너지경제연구원, 에너지통계연보, 2011.

○ 〈표 Ⅱ-4〉는 〈표 Ⅱ-2〉의 에너지원별 고유단위 자료를 석유환산계수를 이용하여 석유환산톤(TOE)으로 통일한 에너지 자료의 흐름을

보여주고 있음.

- 각 에너지원의 자료가 석유환산톤으로 제시되어 있기 때문에 에너지원간 비교가 가능하고 다양한 분석을 할 수 있는 장점이 있음.

〈표 II-4〉 우리나라 에너지 수급 밸런스 (2010) : TOE 단위 기준

	석탄	석유	천연가스	도시가스	수력	원자력	전력	열에너지	신재생 에너지	합계
	Coal	Oil	LNG	Town Gas	Hydro	Nuclear	Electricity	Heat	Renewable Energy	Total
	1000 toe									
국내생산	969		539		1,391	31,948			6,064	40,912
수입	72,576	164,689	42,384							279,649
수출		-48,224								-48,224
국제벙커링		-7,569								-7,569
재고증감	187	-525	-1,194							-1,532
통계오차	2,164	-4,070	1,279							-627
1차 에너지소비	75,896	104,301	43,008		1,391	31,948			6,064	262,609
에너지전환	-47,928	-3,920	-43,008	21,081	-1,391	-31,948	37,338	1,718	-718	-68,777
발전	-47,928	-3,125	-19,043	-922	-1,391	-31,948	40,811	1,073	-718	-63,191
지역난방		-317	-847	-1,157				713		-1,609
가스제조		-478	-22,842	22,280						-1,040
자가소비및손실			-276	881			-3,474	-68		-2,937
최종에너지소비	27,968	100,381		21,081			37,338	1,718	5,346	193,832
산업부문	27,068	57,351		7,329			19,193		4,215	115,155
수송부문		35,282		1,112			188		357	36,938
가정부문	901	4,053		9,847			5,263	1,531	72	21,666
상업부문		2,397		2,642			10,373	145	33	15,589
공공부문		1,299		152			2,321	42	669	4,483

○ 〈표 Ⅱ-4〉에 의하면, 2010년도에 우리나라는 1차 에너지소비량이 262.6백만 toe이며 이 가운데 에너지 전환 부문이 68.8백만 toe를 사용하여 26.2%를 차지하였으며, 최종 에너지소비 부문이 193.8백만 toe를 사용하여 73.8%를 차지함.

- 에너지 전환부문 중 발전이 63.2백만 toe를 사용하여 전환부문

가운데 전력발전이 91.9%를 차지하고 있음.

- 최종 에너지소비 부문을 세부적으로 살펴보면, 산업부문이 115.2백만 toe(59.4%), 수송부문이 36.9백만 toe(19.1%), 가정부문이 21.7백만 toe(11.2%), 상업부문이 15.6백만 toe(8.0%), 그리고 공공부문이 4.5백만 toe(2.3%)를 각각 차지하고 있음.

○ 1차 에너지 소비와 최종 에너지 소비에 있어 각 에너지원에 대한 의존율은 다음과 같음.

- 1차 에너지 소비 중 석유에 의존하는 비율은 39.7%로 가장 높고, 그 다음으로 석탄 의존율이 28.9%, 천연가스가 16.4%, 그리고 원자력 의존율이 12.2%임.

- 최종 에너지 소비 중 석유가 차지하는 비중은 51.8%로 가장 높고, 그 다음으로 전력 비중이 19.3%, 석탄 비중이 14.4%, 그리고 도시가스 비중이 10.9%임. 한편, 신재생 에너지 비중은 2.8%로 아직 미미한 수준에 머무르고 있음.

○ 최종 에너지 소비 부문에서 각 부문의 주요 에너지원은 다음과 같음.

- 산업부문은 석유 비중이 49.8%, 석탄 비중이 23.5%, 그리고 전력 비중이 16.7%로 나타나 산업부문은 석유 비중이 가장 높음.

- 수송부문은 석유 비중이 95.5%, 그리고 도시가스 비중이 3.0%로 나타나 수송부문은 석유에 절대적으로 의존하고 있음.

- 가정부문은 도시가스 비중이 45.4%, 전력 비중이 24.3%, 그리고 석유 비중이 18.7%로 나타나고 있는데 도시가스는 주로 취사와 난

방용으로, 전력은 가전기기 사용에 소비될 것으로 예상할 수 있음.

- 상업부문은 전력 비중이 66.5%, 도시가스 비중이 16.9%, 그리고 석유 비중이 15.4%로 이들이 약 99%를 차지하고 있음.
- 마지막으로 공공부문은 전력 비중이 51.8%, 석유 비중이 29.0%, 그리고 신재생 에너지 비중이 14.9%로 이들이 약 96%를 차지하고 있는데 신재생 에너지 비중이 다른 부문에 비해 높은 점이 특징임.

III. 에너지 수요

본 장은 에너지 수요의 결정요인을 살펴보고, 에너지의 수요함수를 도출함. 특히 에너지의 수요함수를 소비자 측면과 생산자 측면에서 도출함. 소비자 측면에서는 주어진 예산 제약 하에서 효용 극대화를 위한 에너지 수요함수를 살펴보고, 생산자 측면에서는 일정 산출량을 최소 비용으로 생산하기 위하여 생산요소인 에너지에 대한 수요를 의미함. 또한 탄력성 개념을 이용하여 가격탄력성, 소득탄력성, 대체 탄력성 등도 살펴보고 있음.

1. 에너지 수요의 개념

○ 에너지 수요(energy demand)는 취사, 냉난방, 오락 등을 위해 개인이 갖고 있는 에너지 욕구를 만족시키기 위하여 사용되는 에너지를 가리킴.

- 취사, 냉난방, 오락 등 어떤 경우라 하더라도 에너지 제품은 에너지 목적으로 연료(fuel)로 사용되기 때문에 에너지 수요가 발생함.

○ 또한, 에너지 제품은 석유화학 산업(petrochemical industry) 등에서 원재료(raw material), 즉 비에너지 목적으로 사용되기도 하는데 이 경우 에너지에 대한 수요는 열 목적보다는 화학적 특성을 이용하기 위한 것임.

- 납사(Naphtha)는 원유의 정제과정으로부터 생산되는 제품인데, 석유화학산업은 납사를 연료가 아닌 원료로 사용하여 납사를 분해하는 설비인 납사분해설비(NCC, Naphtha Cracking Center)를 이용하여 탄소 개수가 둘인 에틸렌에서부터 탄소가 셋인 프로필렌, 네 개인 C4 유분 등의 올레핀류와 방향족 제품(일명 BTX, 벤젠, 톨루엔, 자일렌)의 원료가 되는 RPG(Raw Pyrolysis Gasoline)를 생산함.

○ 에너지 소비와 에너지 수요를 구분할 필요가 있음.

– 에너지에 대한 수요는 가격(또는 소득, 기타 경제 변수)과 에너지 수요량 간의 관계를 설명하는 것임. 그리고 에너지 수요는 실제 구매되기 이전에 존재하는 사전적인(ex ante)인 개념이라 할 수 있음.

• 에너지 수요는 주어진 가격에 얼마만큼 구매되는지를 나타내며, 가격 변화가 구매되는 수요량에 어떻게 영향을 미치는지를 보여줌.

– 에너지 소비는 구매하고 소비하는 의사결정이 이루어지면 발생하게 됨. 즉 에너지 소비는 사후적인(ex post) 개념임

– 하지만 에너지 수요와 소비는 미묘한 차이가 존재함에도 불구하게 구분하지 않고 사용할 것임.

○ 에너지 수요는 파생된 수요(derived demand)임[4]. 왜냐하면 에너지는 기구(equipment)를 통해서 소비되기 때문임.

– 에너지는 에너지를 소비하기 위하여 소비되지 않고 표면적으로 드러나지 않은 목적, 예컨대, 이동, 재화와 용역의 생산, 편의성 등을 목적으로 에너지가 소비됨.

4 유도된 수요라 하기도 함.

2. 소비자의 에너지 수요 결정

에너지 수요의 의사 결정 단계

○ 에너지는 어떤 욕구를 위해 소비되고, 가전기구(appliances)의 사용을 통해 이루어짐. 그리고 이러한 상업적 에너지는 화폐 교환을 필요로 함. 이러한 상업적 에너지로의 전환을 위한 의사결정은 3단계 과정을 거치는데, 3단계 과정은 에너지 수요에 영향을 미치게 됨.

- 1단계: 에너지 소비자는 가전 기기의 교체 여부를 결정해야 함(switching decision)
- 2단계: 소비자는 사용할 가전 기기의 유형을 결정해야 함(appliance selection decision)
- 3단계: 소비자의 각 가전 기기의 사용 패턴이 결정되면 에너지 소비는 결정됨.

〈그림 Ⅲ-1〉 에너지 수요 의사결정 3단계

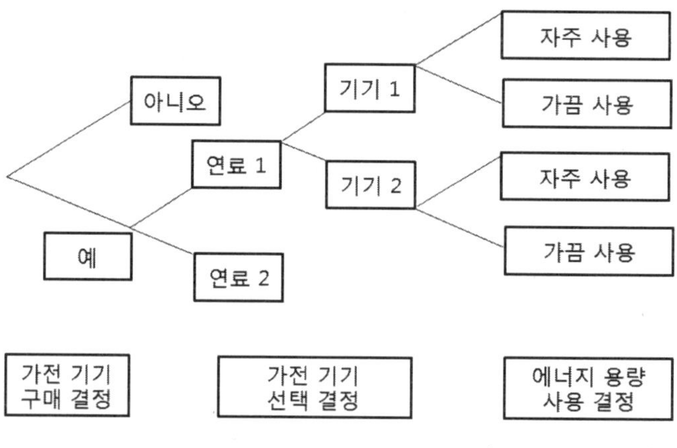

자료: Bhattacharyya (2011), p. 45.

○ 1단계에서 가계가 에너지 소비 가전기기를 구입할 것인지, 구입하지 않을 것인지, 두 가지 결정 결과물이 존재하게 됨.

- 가전기기가 구입되지 않으면, 해당 가전기기의 사용을 통한 에너지 수요는 발생하지 않게 됨.

- 가전기기 교체 결정은 주로 화폐적 요소에 의해 결정됨.

  • 소득 수준, 다른 부분에의 소득 지출, 그리고 에너지를 소비하기 위하여 소득 일부를 지출하고자 하는 의지 등.

○ 가전 기기의 구입 의사가 결정되면, 그 다음으로 결정해야 할 사항은 다음과 같음.

- 여러 연료의 선택이 가능하다면, 사용할 연료의 종류를 결정하고 결정한 연료에 사용할 가전 기기의 유형을 결정하는 것임.

○ 가전기기를 구입하기로 결정하고, 구입할 가전기기의 유형이 결정되면, 마지막으로 남은 것은 가전 기기를 어느 정도 사용할 지를 결정하는 것임.

- 가전 기기의 사용 정도는 소비자에 따라 다르고, 소비자는 외부 요소들의 변화에 의해 가전 기기의 사용을 조절할 것임.

에너지 수요의 결정요인

○ 경제학의 관점에서 에너지에 대한 수요를 추정하고 분석하는 원리는 재화에 대한 수요가 크게 다르지 않음.

- 에너지 수요의 미시경제학적 토대는 일반 재화의 경우와 동일함.

○ 가정부문의 가계는 에너지 소비와 관련된 특정의 욕구를 만족시키면서 총지출로부터 만족을 극대화시키기 위하여 소득의 일부를 에너지 소비에 할당할 것임.

○ 산업부문과 상업부문의 에너지 사용자는 생산의 투입요소로 에너지를 수요하고, 이들의 목적은 생산의 총비용을 극소화시키는 것임.

○ 미시경제학이론에 의하면 재화에 대한 수요의 결정요인은 다음과 같음.

- 어떤 상품에 대한 수요의 양을 결정하는 데 가장 중요한 역할을 하는 것은 고려 대상이 되는 그 상품의 가격(P)임.
- 그 외 수요의 결정요인으로 그 상품과 관련이 있는 다른 상품들(예컨대, 대체재 또는 보완재)의 가격(P_R), 소비자들의 소득수준(M), 인구(N: 시장규모) 등 경제적 요인뿐만 아니라 유행, 제도, 관습, 날씨 등 비경제적 요인 등이 고려 가능함.

3. 소비자의 효용극대화와 수요곡선

예산제약

○ 예산제약(豫算制約, budget constraint)

– 설정: 소비자는 한 달 소득을 가지고 한 달 동안 에너지 E와 다른 재화 Y만을 소비한다고 가정하자. 이때 그의 합리적 소비행위는 어떻게 결정되는가?

- 재화 Y는 에너지 E를 제외한 나머지 재화들의 묶음인 복합재(composite goods)로 가정해도 무방함.

– 예산선(budget line)

- 소비자의 욕구의 무한하지만 그가 처해 있는 제약은 소득이 일정하게 제한되어 있는데 이것을 예산제약이라고 함. 즉, 지출액은 소득을 초과할 수 없음

$$P_E \times e + P_Y \times y \leq M$$

M = 소비자의 한 달 소득
P_E = 에너지 단위 당 가격, e = 에너지 수요량
P_Y = Y재의 단위 당 가격, y = Y재 수요량

- 주어진 소득(M)으로 구입할 수 있는 상품묶음의 집합을 나타내는 선을 예산선이라 함.

- 연속적인 예산선: 상품의 가분성(divisibility)

- 상품의 선택 영역: 예산선 아래 부분(예산집합, budget set)

- 저축이 없다면 합리적 소비는? 모든 소득을 지출하는 것이 효용을 극대화시키는 방법임. 왜냐하면 지출을 많이 할수록 소비자의 효용은 증가하기 때문에 굳이 소득의 일부를 저축으로 남겨둘 필요가 없음. 따라서 소비자의 선택하는 소비묶음은 예산선 상에서 결정될 것임. 즉 지출액은 소득과 일치하게 됨.

$$P_E \times e + P_Y \times y = M$$

$$\rightarrow \ y = -\frac{P_E}{P_Y}e + \frac{M}{P_Y}$$

- 위의 식에서 예산선의 기울기(P_E/P_Y)는 기회비용(opportunity cost)의 개념을 함축하고 있음. 예컨대 기울기의 절대값이 2라면, 에너지를 1 단위 더 구입하기 위하여 Y재의 구입량을 2 단위 줄여야 함. 따라서 Y재 2 단위와 에너지 1 단위가 시장에서 교환될 수 있는 객관적 교환비율이라 함.

〈그림 Ⅲ-2〉 예산선

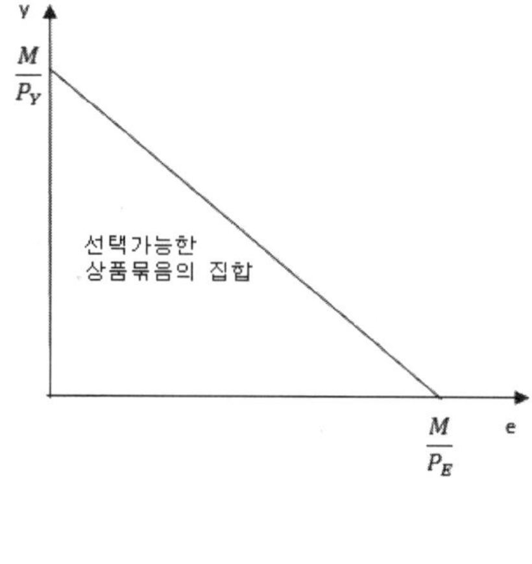

○ 소득과 가격의 변화와 예산선

- 소득의 변화: 소득이 증가하면 예산선의 기울기의 변화는 없고 예산선만 우상향으로 평행이동함. 따라서 소비 가능 영역이 증가함.

- 한 재화의 가격에만 변화: 에너지의 가격이 상승하면 Y축의 절편은 변화가 없고, E축의 절편만 안쪽으로 회전 이동함. 이 경우 소비 가능 영역은 축소됨.

- 두 재화의 가격이 같은 비율로 상승하면 새로운 상대가격 비율은 예전의 가격비율과 동일하지만 예산선은 안쪽으로 평행이동하여 소비 가능 영역은 줄어들게 됨. 두 재화의 가격이 동일한 비율로 상승하는 소득이 동일 비율로 하락하는 것과 같은 효과를 갖게 됨.

소비자의 선호체계와 무차별곡선

○ 소비자의 에너지 수요에 대한 미시경제학적 개념은 소비자의 효용 극대화 문제(utility maximization problem)에 근거함.

- 소비자는 자신의 선호관계(preference relations)를 통해 선호 순위(preference ordering) 알고 있음.

  • 선호체계의 공리

    ① 완비성(completeness): 어떤 두 상품묶음에 대한 선호관계를 판단할 수 있음.

    ② 이행성(transitivity): 세 개의 상품묶음 A, B, C에 대해서 A가 B보다 선호되고 B보다 C가 선호되면 A는 C보다 선호된다. 이행성은 소비자 선호의 일관성(consistency)과 관련되

어 있음.

③ 연속성(continuity): 소비자의 선호가 변화해 나갈 때 연속적으로 변화해 가며 갑작스러운 변화는 나타나지 않음.

위의 세 가지 공리(axiom)가 만족될 때 소비자의 선호체계는 "연속적인" 효용함수로 표현할 수 있음.

④ 강단조성(strong monotonicity): 어떤 두 상품묶음 A와 B에 대하여 모든 상품에 대하여 A가 B와 같거나 그 보다 더 많은 양을 포함하는 동시에 최소한 하나의 상품에 대하여 A가 B보다 더 많은 양을 포함하고 있다면, 소비자는 A를 B보다 더욱 선호함.

⑤ 볼록성(convexity) : 소비자가 극단적인 상품의 조합으로 구성된 상품묶음보다 여러 상품이 골고루 섞여 있는 상품묶음을 더 선호함을 의미함.

- 선호 순위는 효용함수를 통해 표현 가능함.
- 소비자는 합리적이기 때문에 선택 가능한 상품 묶음들(feasible commodity bundles) 중에서 가장 선호되는, 즉 효용이 극대가 되는 상품 묶음을 선택함.
  - 선택 가능한 상품 묶음이란 소비자가 지출할 수 있는 예산 제약(budget constraint) 하에서 구입 가능한 재화들의 집합을 의미함.

○ 무차별곡선

- 무차별곡선(indifference curve)는 효용곡면(utility surface)에서 도출된 곡선으로 소비자에게 동일한 크기의 효용을 주는 상품묶음들의 집합을 그림으로 나타낸 것임.

- 무차별곡선은 서수적 효용(ordinal utility)의 개념으로서 무차별곡선의 수치는 의미가 없으며 무차별곡선의 순서가 중요함.

- 무차별곡선의 성질

  • 상품묶음을 나타내는 제1상한의 모든 점은 그것을 지나는 하나의 무차별곡선을 갖는다.

  • 무차별곡선은 우하향하는 모양을 갖는다.

  • 원점에서 더 멀리 떨어져 있는 무차별곡선일수록 더욱 높은 효용수준을 대표한다.

  • 두 무차별곡선은 서로 교차할 수 없다.

  • 무차별곡선은 원점에 대해 볼록한(convex to the origin) 형태를 갖는다.

○ 한계대체율

- 무차별곡선(indifference curve)는 소비자에게 동일한 크기의 효용을 주는 상품묶음들의 집합이기 때문에 이를 효용함수를 이용하여 표현하면 다음과 같음.

$$\overline{U} = U(e, y)$$

- 위의 식에서는 효용수준이 일정함을 의미함. 그리고 는 효용함수로서 효용함수는 와 에 의해서 결정됨을 나타냄.

- 한계대체율(marginal rate of substitution: MRS): 두 상품이 어떤 특정한 비율로 대체되어도 소비자의 효용에 아무 변화가 없을 때의 비율로서 두 상품 사이의 주관적 교환비율이라 할 수 있음.

- 예컨대 에너지(E)과 옷(Y) 사이의 한계대체율이 2라고 한다면, 소비자가 현재의 상품묶음에서 옷 2 단위를 줄이고, 대신 에너지 1 단위를 늘려도 소비자의 효용수준에 아무런 변화가 없다는 것을 뜻함. 이것은 그 소비자가 에너지에서 얻은 한계효용(marginal utility: MU)이 옷에서 얻는 한계효용의 두 배에 해당한다는 것을 의미함.

– 위의 내용을 수식으로 표현하면 다음과 같음

$$MU_E \bullet \Delta e + MU_Y \bullet \Delta y = \Delta \overline{U} = 0$$

$$\rightarrow \; MRS_{EY} = -\frac{\Delta y}{\Delta e} = \frac{MU_E}{MU_Y}$$

- $\Delta \overline{U}$= 효용의 변화량

- $MU_E \bullet \Delta e$= 에너지 소비량을 Δe만큼 변화시킬 때의 효용의 변화량

- $MU_Y \bullet \Delta y$= Y재 소비량을 Δy만큼 변화시킬 때의 효용의 변화량

- 무차별곡선의 특성에 의해 두 상품이 어떤 특정한 비율로 대체되어도 소비자의 효용에 아무 변화가 없기 때문에 이 될 것임.

소비자의 효용극대화

○ 효용극대화의 조건

- 소비자는 효용극대화를 위해서 가능하면 단조성 공리에 의해 원점에서 멀리 떨어져 있는 무차별곡선 위의 한 점을 선택하고자 함. 그러나 예산제약 때문에 예산선 위나 그 안쪽에 있는 상품묶음의 점들만을 선택할 수밖에 없음.

〈그림 Ⅲ-3〉 소비자의 효용 극대화

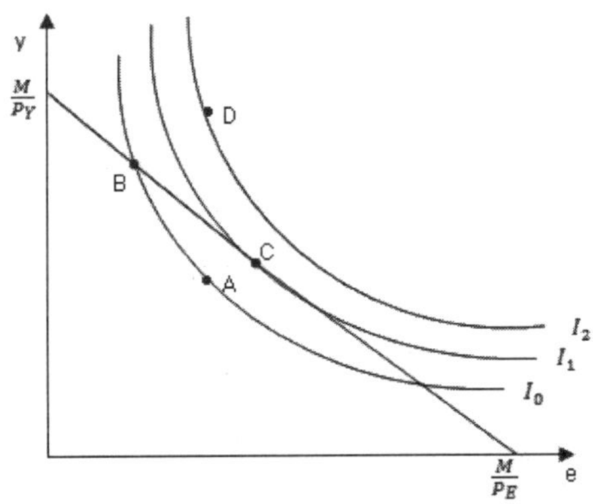

- 점 A: 소비자가 점 A를 소비 상품묶음으로 선택하는 경우 소득의 일부가 사용되지 않음. 따라서 소비자는 주어진 소득으로 최대의 효용을 얻지 못한 상태임.

- 점 D: 소비자가 상품묶음 점 D를 선택하면 이때 얻게 되는 소비자의 무차별곡선이 원점에서 가장 멀리 떨어져 있기 때문에

효용수준이 가장 높음. 하지만 점 D의 상품묶음은 예산선 밖의 점이기 때문에 예산제약 하에서 선택 불가능함.

- 점 B와 점 C: 상품묶음 점 B와 점 C는 예산선 상의 소비점이기 때문에 소비자는 모든 소득을 지출하고 있음. 그러나 소비자가 점 B를 선택하면 이때 소비자의 무차별곡선은 I_0이지만, 점 C가 선택되면 소비자의 무차별곡선은 I_1이기 때문에 동일한 지출을 가지고도 소비자는 점 B보다 점 C에서 더 높은 효용을 얻을 수 있음.

- 따라서 주어진 소득 제약 하에서 소비자의 효용 극대화는 무차별곡선과 예산선이 접하는 점 C에서 이루어짐.

– 점 C에서 무차별곡선의 기울기와 예산선의 기울기가 똑같음. 즉 점 C에서 무차별곡선이 예산선과 접하고 있음. 따라서 소비자의 효용극대화를 위한 조건은 다음과 같음.

$$\frac{\Delta y}{\Delta e} = -\frac{MU_E}{MU_Y} = -\frac{P_E}{P_Y} \text{ 또는 } \frac{MU_E}{MU_Y} = \frac{P_E}{P_Y}$$

- 무차별곡선의 기울기 (= 한계대체율)는 두 상품 사이의 주관적 교환비율이며, 예산선의 기울기는 시장에서 실현 가능한 객관적 교환비율이라 할 수 있음.

- 위의 조건을 다음과 같이 표현할 수 있는데, 이는 에너지 소비에 지출된 1원 당 한계효용이 Y재 소비에 지출된 1원 당 한계효용이 일치해야 소비자의 효용이 극대화됨을 의미함.

$$\frac{MU_E}{P_E} = \frac{MU_Y}{P_Y}$$

수요곡선의 도출

○ 수요함수(demand function)는 수요량(q_d)과 여러 경제변수들 사이의 관계를 나타내는 것으로 다음과 같이 표현 가능.

$$q_d = f(P, P_R, M, N, T)$$

- q_d: 재화의 수요량(quantity demanded)
- P: 해당 재화의 가격
- P_R: 관련 재화, 즉 대체재 또는 보완재의 가격
- M: 소비자의 소득 수준
- N: 시장 규모
- T: 소비자의 선호 내지 기호(tastes)

○ 수요량은 '특정 시간 동안'에 대해 정의된 수량으로서 유량(flow)의 개념임.

- 유량(flow)과 저량(stock) : 유량은 일정한 기간에 대해 정의되며(예컨대, 상품의 수요량, 소득 등), 저량은 일정한 시점에 대해서 정의됨(재산, 통화량 등).

○ 분석의 편의를 위해서 수요의 결정요인들 중에서 가격을 제외한 나머지 요소들은 고정되어 있다(ceteris paribus)고 가정하고 수요함수를 수요량과 가격 간의 관계를 표현한 것이 수요곡선(demand curve)임.

$$D_E = f(P_E)$$

- 위의 에너지 수요곡선은 에너지의 가격 이외의 수요에 영향을 주는 변수들은 불변이라고 가정하고 에너지의 각 가격 수준에서 소비자가 에너지를 얼마나 구입하고자 하는지를 나타내는 곡선임.

○ 가격소비곡선과 수요곡선의 도출

- 가격소비곡선(price-consumption curve)은 소비자의 소득과 다른 재화의 가격은 불변인 상태에서 한 재화의 가격만이 연속적으로 변할 때 소비자의 최적 선택점들의 궤적을 연결한 곡선임.
- 예컨대, 〈그림 Ⅲ-4〉에서 에너지 가격이 P_E^1, P_E^2, 그리고 P_E^3 등으로 하락하면, 예산선의 세로축의 절편은 M/P_Y^1로 고정되어 있고 가로축은 각각 M/P_E^1, M/P_E^2, 그리고 M/P_E^3로 각각 이동하게 됨.
  - 각 예산선과 무차별곡선이 서로 접하여 소비자의 효용이 극대화되는 점은 각각 A, B, 그리고 C임.
  - 이 경우 각 가격수준에서 소비자의 에너지 수요량은 e_1, e_2, 그리고 e_3임.
  - 따라서 에너지의 각 가격수준에 해당하는 에너지 수요량의 점

A', B', 그리고 C' 을 연결하게 되면 우하향하는 에너지의 수요곡선 D_E를 얻게 됨.

〈그림 Ⅲ-4〉 가격소비곡선과 수요곡선

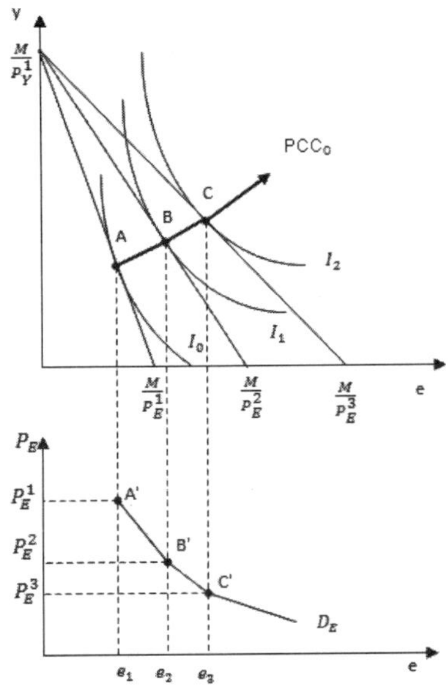

○ 시장수요곡선

- 시장수요곡선(또는 시장수요함수)은 다른 수요 결정 요인들은 고정된 상태에서 각 가격수준에서 개별 소비자의 수요량을 수평으로 합한 값으로 정의됨.

수요량의 변화와 수요의 변화

○ 재화의 가격이 변화함에 따라 수요곡선 상에서 수요량이 증감하는

것을 수요량의 변화라 함. 즉, 가격이 상승하면 수요량이 증가하며, 가격이 하락하면 수요량은 감소하게 됨. 이 경우에 동일한 수요곡선 위의 운동(movement along the demand curve)으로 표현할 수 있음.

- 예컨대, 〈그림 Ⅲ-5〉에서 에너지의 가격이 P_E^0에서 P_E^1으로 상승하면 수요곡선 상에서 점 a에서 점 b로 운동하여 에너지 수요량이 감소하게 됨.

- 반면에 에너지의 가격이 P_E^0에서 P_E^2로 하락하면 수요곡선 상에서 점 a에서 점 c로 운동하여 에너지 수요량이 감소하게 됨.

- 수요의 법칙(law of demand): 수요에 영향을 미치는 모든 다른 요소들이 고정되어 있다고 가정하고(*ceteris paribus*) 가격과 수요량 사이에 존재하는 반비례 관계를 수요의 법칙이라 함.

○ 수요의 변화는 수요를 결정하는 변수들 중에서 해당 재화의 가격 이외에 불변으로 가정했던 변수의 변화에 따라 각 가격수준에서 수요의 변화를 의미함. 이 경우 수요곡선이 우상향으로 이동하면 수요의 증가, 우하향으로 이동하면 수요의 감소라 함. 수요의 변화는 수요곡선의 이동(shift in the demand curve)을 의미하며 수요 곡선 자체가 이동하는 것을 뜻함.

- 예컨대, 에너지 가격은 불변이지만 소비자의 소득이 증가하면 가전기기를 새로 구입하거나, 새로운 제품으로 교체할 수 있으며, 또는 기존 가전기기의 사용 시간을 늘릴 것임. 따라서 에너지에 대한 수요는 증가하게 될 것임. 따라서 에너지 가격이 하락하지 않더라도 소득 증가로 인해 에너지 수요는 증가할 것임.

- 〈그림 Ⅲ-5〉에서 소득이 변하기 전에 에너지 수요곡선은 D_E^0에서 에너지 가격이 P_E^0에서 에너지 수요량은 e_0이며, 에너지 가격이 P_E^1에서 에너지 수요량은 e_1임.

- 이제 소득이 증가하면 앞에서 설명한 가능성에 의해서 에너지 가격이 P_E^0에서 에너지 수요량은 e_0'이며, 에너지 가격이 P_E^1에서 에너지 수요량은 e_1'임. 이에 따라서 에너지 수요곡선은 D_E^0에서 D_E^1으로 이동함. 즉 에너지가 정상재라면 소득이 증가하면 에너지 수요는 증가함.[5]

- 소득이 감소하면 에너지 수요는 감소하며 이에 따라 에너지 수요곡선은 D_E^0에서 D_E^2로 이동할 것임.

〈그림 Ⅲ-5〉 수요량의 변화와 수요의 변화

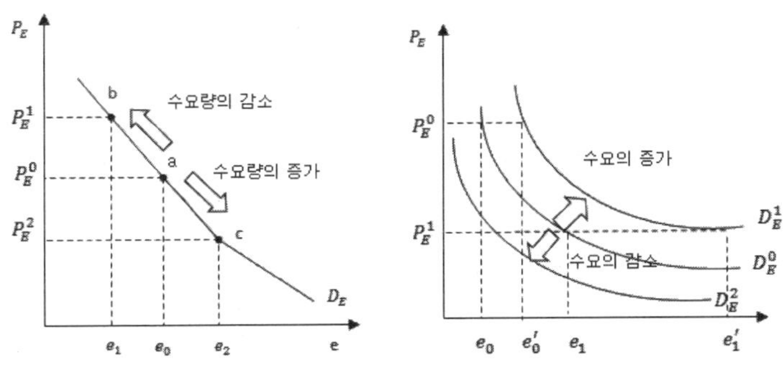

수요의 탄력성

○ 수요의 탄력성(elasticity of demand)은 수요의 결정요소인 각 독립변수의 변화에 대해 수요량이 얼마나 민감하게 반응하는지를 하나의 숫자로 나타내 줌.

---

5 정상재와 열등재에 대해서는 미시경제학 교재를 참고하기 바람.

○ 수요의 가격탄력성

– 수요의 가격탄력성(price elasticity of demand)은 가격 변화율에 대한 수요량의 변화율의 비율임. 즉 수식으로는 다음과 같음. 다만 수요의 법칙에 의해 가격 변화율과 수요량 변화율은 서로 반대로 반응하기 때문에 (–)를 붙여 수요의 가격 탄력성 값을 (+)로 전환시켜 줌.

$$\bullet\ \epsilon_P = -\frac{\text{수요량의 변화율}}{\text{가격의 변화율}} = -\frac{\Delta Q_D / Q_D}{\Delta P / P}$$

$$= -\frac{\Delta Q_D}{\Delta P} \cdot \frac{P}{Q_D}$$

- 수요의 가격탄력성은 상품의 단위와 무관하게 됨.

- 수요의 가격탄력성이 1보다 크면 '탄력적'(elastic), 1보다 작으면 '비탄력적'(inelastic), 1이면 '단위 탄력적'(unitary elastic)이라 함.

- 일정한 기울기를 갖는 직선의 수요곡선이라 할지라도 선택된 점의 위치에 따라 가격탄력성이 달라짐.

– 가격탄력성과 판매수입(또는 소비자의 총지출)

- 수요의 가격탄력성이 1일 경우에는 가격이 변화해도 판매수입, 즉 소비자의 지출에 아무 변화 없음. 즉 시장에서 독점 기업이 가격을 상승시키는 경우에 가격 증가율은 수요량의 감소율과 동일하기 때문에 기업의 판매수입에 변화가 없음.

- 가격탄력성이 1보다 크면 가격이 일정한 비율로 상승할 때 수요량은 이보다 더 큰 비율로 감소함. 따라서 가격이 상승할 때 판매수입, 즉 소비자의 지출액은 감소함.

– 가격탄력성의 결정요인

- 재화의 성격: 에너지나 식료품 같은 생활필수품은 가격탄력성이 일반적으로 작음. 왜냐하면 에너지와 식료품 등은 가격 변화와 무관하게 생활의 편의성이나 생계유지를 위해 반드시 필요로 하기 때문에 이들 재화들의 가격 변화에 대해 수요량을 민감하게 변화시키기 어려움.

- 대체재의 존재 여부: 적합한 대체재를 쉽사리 찾을 수 없는 경우 가격 변화에 대해 소비자의 반응은 소비자의 선택 폭이 매우 제한적이기 때문에 가격탄력성이 작음.

- 그 상품에 대한 지출이 가계의 전체 지출 중에서 차지하는 비중이 아주 작은 경우에 소비자는 그 재화의 가격 변화에 대해 수요량의 반응은 무시될 수도 있음. 따라서 그 재화의 가격탄력성이 그리 크지 않음.

- 상품의 정의를 넓게 내릴수록 가격탄력성이 작아질 수도 있음. 예컨대, 전력 가격이 상승하는 경우 에너지 수요량의 반응은 매우 작을 수 있음. 하지만 전력 수요량의 반응은 에너지 수요량의 반응에 비해 클 것임. 왜냐하면 가정에서 사용하는 에너지에는 전력뿐만 아니라, 연탄, 등유, 도시가스 등이 있기 때문임.

- 수요량은 일정 시점에 측정하는 것이 아니라 일정 기간에 대해 측정하는 유량(flow)의 개념인데, 가격 변화에 대해 소비자는 시간을 두고서 반응할 것이기 때문에 가격 변화에 따른 수요 변화량의 측정 시간이 짧을수록 수요의 탄력성은 작을 것임.

○ 수요의 소득탄력성(income elasticity of demand)

- 수요의 소득탄력성은 소비자의 소득 변화에 대한 수요의 반응 정도를 측정함.

$$\bullet\ \epsilon_M = \frac{\text{수요(량)의 변화율}}{\text{소득의 변화율}} = \frac{\Delta Q/Q}{\Delta M/M}$$

- 수요의 소득탄력성이 0보다 큰 상품은 정상재, 0보다 작은 상품은 열등재. 정상재 중 소득탄력성이 1보다 큰 상품을 사치재, 그리고 1보다 작은 상품을 필수재라고 부름.

○ 수요의 교차탄력성(cross elasticity of demand)

- 수요의 교차탄력성은 X재의 가격 변화에 대한 Y재의 수요의 반응 정도를 측정함.

$$\bullet\ \epsilon_c = \frac{Y\text{재 수요(량)의 변화율}}{X\text{재 가격의 변화율}} = \frac{\Delta Q_Y/Q_Y}{\Delta P_X/P_X}$$

- X재와 Y재가 서로 대체관계이면 교차탄력성은 양(+), 보완관계이면 음(−)의 값.

- 두 재화가 서로 독립적이면 교차탄력성은 0에 근접

4. 생산자의 비용극소화와 수요곡선

생산자의 비용극소화를 위한 요소 수요

○ 기업이 일정한 생산량을 최소의 생산 비용으로 달성하기 위한 생산요소의 조합을 찾는 과정에서 어느 한 생산요소를 다른 생산요소로 대체하면서 생산 요소에 대한 수요가 발생함.

비용의 개념

○ 회계적 비용(accounting cost): 인건비, 임대료, 원자재 구입비 등 명백한 비용만을 포함. 명시적 비용(explicit cost)이라고도 함.

○ 암묵적 비용(implicit cost): 현금지출을 수반하지 않는 요소비용으로 기회비용의 일부에 해당함.

○ 매몰비용(sunk cost): 일단 지출된 다음에는 어떤 방법으로도 다시 회수할 수 없는 비용을 가리킴. (예컨대, 광고비)

비용극소화를 위한 선택

○ 경제학에서 일반적으로 생산요소는 크게 노동(L)과 자본(K)으로 구성되는데 에너지(E)를 추가하기로 함. 그리고 각 요소의 수요량을 ℓ, k, 그리고 e라 하고, 단위당 가격을 각각 c_L, c_K, 그리고 c_E로 함.

– 총요소비용은 다음과 같이 계산됨.

$$C = c_L \times \ell + c_K \times k + c_E \times e$$

○ 등비용곡선(iso-cost curve)

- 주어진 수준의 총지출($\overline{C}$)에 의해 구입 가능한 생산요소의 조합들로 구성된 집합을 그림으로 나타낸 것.

$$\overline{C} = c_L \times \ell + c_K \times k + c_E \times e$$

- 분석을 단순화시키기 위하여 노동에 대한 수요량이 고정되어 있다고 가정하면 노동비용은 고정되어 있기 때문에 총요소비용은 다음과 같이 수정하여 표현할 수 있음.[6]

$$c_K \times k + c_E \times e = \overline{C} - c_L \times \overline{\ell} = \overline{C}_{-\ell}$$

단, $\overline{C} - c_L \times \ell > 0$

• 기업이 선택 가능한 생산요소를 자본(K)과 에너지(E)로 제한하면 등비용곡선을 2차원 공간에 그래프로 표현할 수 있음.

- C의 크기에 변화: 등비용곡선의 평행이동

- 요소의 상대가격(c_E/c_K)의 변화: 등비용곡선의 기울기에 변화가 발생하여 회전이동

---

6 모형을 단순화시키기 위하여 생산요소를 자본과 에너지로 가정하여도 무방함.

$$k = -\frac{c_E}{c_K} \times e + \frac{\overline{C}_{-\ell}}{c_K}$$

○ 생산기술: 두 투입요소인 자본과 에너지 투입량이 가변적일 때

– 생산곡면(production surface)

- $Q=f(k, e)$로 주어진 생산함수를 이용한 3차원 공간의 곡면을 생산곡면이라 함.
- K–E 평면의 각 점에서 측정한 곡면의 높이는 기업이 자본과 에너지의 조합을 일정 기간에 걸쳐 생산 과정에 투입할 때 최대한으로 달성 가능한 산출량을 나타냄.

– 등량곡선(isoquant curve): 동일한 수준의 산출량을 나타내는 생산요소 투입량의 조합들로 구성된 집합을 그림으로 나타낸 곡선.

- 등량곡선 상에서 어느 한 점에서 다른 한 점으로 이동하여 각 생산요소의 투입량을 변화시켜도 등량곡선의 성질에 의해 전체 생산량은 변화가 없음. 즉, 아래 그림에서 자본 투입량을 Δk만큼 줄이고 에너지 투입량을 Δe만큼 증가시켜도 전체 생산량은 Q_0로 변하지 않음.

〈그림 Ⅲ-6〉 등량곡선

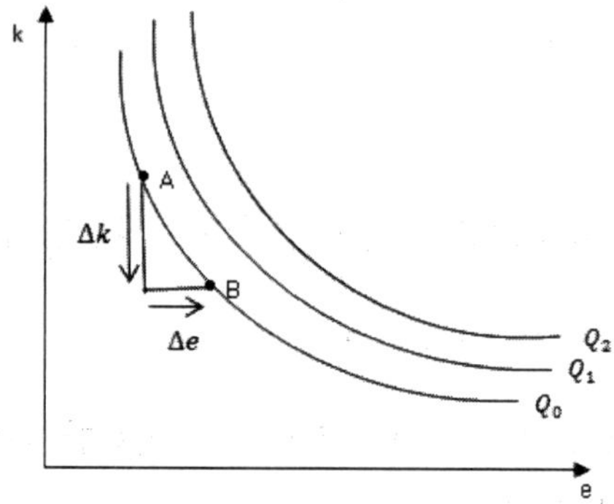

- 이를 한계생산(marginal product) 개념을 이용하여 표현하면 다음과 같음.

$$MP_K \times \Delta k + MP_E \times \Delta e = \Delta \overline{Q} = 0$$

- 위의 식에서 MP_K와 MP_E는 자본과 에너지의 한계생산(marginal product)임.

– 한계기술대체율(marginal rate of technical substitution: $MRTS_{EK}$)

- 한계기술대체율은 생산량을 동일하게 유지하기 위하여 에너지의 투입량을 증가시키는 경우 어느 정도의 자본 투입량을 줄여야 하는지를 나타냄. 따라서 등량곡선 상의 두 점을 연결한 직선의 기울기로 나타낼 수 있음.

$$MRTS_{EK} = \frac{\Delta k}{\Delta e} = -\frac{MP_E}{MP_K}$$

○ 비용극소화의 조건

- 기업의 목표 생산량이 $\overline{Q}$로 주어진 상태에서 주어진 산출량을 최소 비용으로 달성할 수 있는 각 생산요소의 투입량을 결정하는 조건을 찾는 것임.

- 점 A에서 에너지와 자본을 각각 과 을 구입하여 생산에 투입하면 산출량 $\overline{Q}$를 최소 비용으로 달성 가능함. 이 때 총비용은 C_2임.

- 따라서 고정된 산출량을 최소 비용으로 달성하기 위한 조건은 등량곡선과 등비용곡선이 서로 접하는 상태임. 즉 등량곡선의 기울기(한계기술대체율)와 등비용곡선의 기울기가 같음.

$$MRTS_{EK} = \frac{\Delta k}{\Delta e} = -\frac{MP_E}{MP_K} = -\frac{c_E}{c_k} \text{ 또는 } \frac{MP_E}{MP_K} = \frac{c_E}{c_K}$$

〈그림 Ⅲ-7〉 비용극소화 조건

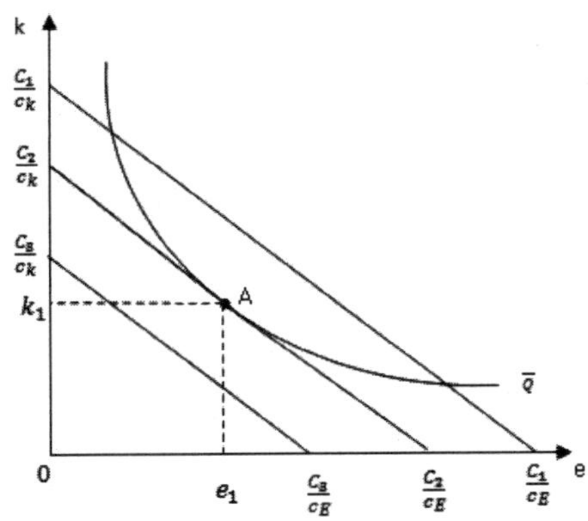

○ 생산요소의 시장수요곡선

- 생산요소의 시장수요곡선(또는 시장수요함수)은 다른 수요 결정 요인들은 고정된 상태에서 각 요소 가격수준에서 개별 생산자의 수요량을 수평으로 합한 값으로 정의됨.

IV. 에너지 수요 관리

본 장은 에너지 수요 관리의 등장 배경과 내용을 주로 다루고 있음. 에너지 가격 수준이 높지 않은 시기에 에너지 부문의 관심은 에너지 수요 측면보다 공급 측면에 관심이 많았음. 즉, 수요를 충족하기 위하여 다양한 에너지원의 공급을 어떻게 배분할 지가 에너지 부문의 주 관심사였음. 그러나 1970년대 석유 가격이 급등하자 에너지 문제를 해결하기 위하여 에너지 수요 관리의 중요성이 부각되기 시작함. 이에 따라 전력 부문에서 수요관리가 적용되기 시작했으며, 그 이후 다른 에너지 산업 분야로 확대 적용되었음 에너지 수요 관리에는 부하관리, 에너지 절약과 에너지 효율, 연료 대체 등이 있음.

1. 에너지 수요관리

정의

○ 에너지 수급 밸런스 표에서 확인했듯이 에너지 체계는 에너지 수요와 공급으로 구성됨.

- 에너지 가격 수준이 높지 않은 경우에 에너지 부문의 관심은 에너지 수요 측면보다 공급 측면에 관심이 많았음. 즉, 수요를 충족하기 위하여 다양한 에너지원의 공급을 어떻게 배분할 지가 에너지 부문의 주 관심사였음.

- 1970년대 석유 가격이 급등하자 에너지 문제를 해결하기 위하여 에너지 수요 관리(energy demand management) 의 중요성이 부각되기 시작함.

- 이에 따라 전력 부문에서 수요관리가 적용되기 시작했으며, 그 이후 다른 에너지 산업 분야로 확대 적용되었음.

○ 에너지 수요 관리는 에너지 소비자의 에너지 사용량과 에너지 사용시간을 변화시키기 위하여 고안된 체계적인 활용과 정부 활동을 의미함.

- 조금 더 구체적으로 설명하면, "에너지를 공급하는 주체가 수요측의 에너지 사용행태를 합리적으로 통제, 조정함으로써 에너지

공급설비 추가설치에 따른 투자비 부담을 경감하고 기존 설비의 이용률을 향상하기 위한 계획 · 활동 · 기법을 의미함.[7]

- 수요관리는 에너지 공급우선 시책이 초래하는 과도한 투자비 부담, 환경에의 악영향, 설비이용률 감소로 인한 경제성 저하 등을 극복하기 위한 방안으로 도입된 제도이며 부하관리와 유사한 개념이라고 할 수 있음.

- 수요관리는 직 · 간접적인 부하관리(load management) 이외에도 부하수준을 낮추기 위한 에너지 소비절약 홍보, 고효율기자재 보급 등 에너지 이용 효율 향상 사업을 포함하고 있으므로 부하관리를 포함하는 광의의 개념이라고도 할 수 있음.

  • 부하관리(load management): 에너지 수요의 규모 또는 시간을 축소시키거나 변환시키는 것.

  • 에너지 절약(energy conservation): 에너지 절약은 기본적으로 기술 개발을 통한 에너지 효율(energy efficiency) 개선을 통해 에너지 수요를 줄이는 것임.

  • 연료 대체(fuel substitution): 연료 간 대체를 통해 에너지 수요를 조정하는 것을 목적으로 함.

---

7 에너지경제연구원의 국가에너지통계종합정보시스템 (http://www.kesis.net)

2. 부하관리

부하관리 유형

○ 부하관리는 부하 형태에 영향을 주어서

- 첫째, 피크 시간대(peak period) 동안의 에너지 수요를 감소시키는 것이며, 이로 인해 신규 피크 설비의 투자 수요를 감소시키는 효과가 있으며,

- 둘째 에너지 설비를 다른 시간대에 이용하도록 유도함. 그럼으로써 에너지 생산 비용을 줄일 수 있음.

○ 부하관리의 유형[8]

- 피크삭제(peak clipping, 첨두삭제): 피크 시간대에 에너지 수요를 감소시키는 것을 목적으로 함. 이는 피크 시간대에 에너지 사용 기기의 사용을 제한하거나, 적절한 가격 시그널을 통해서 소비자들이 그들의 에너지 소비 행태를 변화시키도록 유도하도록 함.

  • 수송부문과 관련하여 특정 차량이 도로망에 진입하는 것을 제한하거나 피크 시간대에 부하 혼잡비용(congestion charge)을 부과하는 것을 예로 들 수 있음.

- 기저부하증대(valley filling): 이는 피크 시간대를 피해서 에너지 사용을 촉진시켜서 에너지 설비 시설의 평균 사용 수준을 개선시키는 것임.

---

8 Bhattacharyya(2011), pp. 139-140 참조.

- 예컨대, 전기차(electric vehicle)에 사용되는 전기 충전기를 밤에 충전시킴으로써 부하 형태를 개선시킬 수 있음. 우리나라의 경우 심야전력사용을 장려하기 위해 심야전력요금을 낮게 책정한 정책을 예로 들 수 있음.

– 부하이동(load shifting): 소비자의 에너지 사용 패턴을 변화시키지 않고 피크 시간대를 피해서 에너지를 사용하는 것임.

- 예를 들면, 소비자가 피크 시간대를 피해서 열을 저장해 두었다가 나중에 실내 온도를 유지하는데 저장한 열을 사용하는 것임. 또는 식기 세척이나 세탁기 사용과 같은 가사 활동을 피크 부하를 피해서 저녁에 하는 경우도 해당됨.

– 전력화(electrification) 또는 에너지 접근 개선: 신규 지역이나 신규 소비자에게 에너지 접근을 제공하여 전략적으로 에너지 수요를 창출하는 것임.

– 에너지 절약(energy conservation): 효율적인 기기로 에너지의 효율적인 사용을 통해서, 또는 생활 유형(lifestyle)의 변화를 통해서 에너지 소비를 줄이는 것임.

- 에너지 효율적인 기기로의 교체는 에너지 수요를 줄이고 부하 형태를 변화시킬 것임. 수송부문에서 에너지 효율 개선은 휘발유 1리터당 주행거리를 증가시킬 것임.

〈그림 Ⅳ-1〉 부하관리의 유형

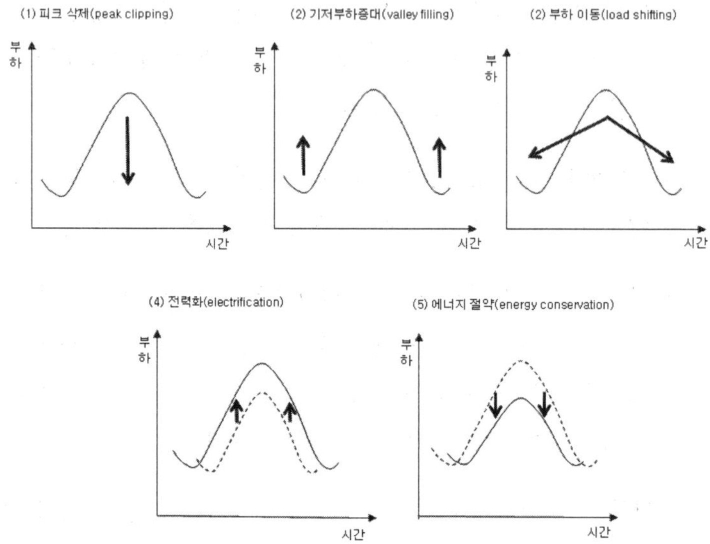

직접적인 부하관리

○ 에너지 공급업체가 직접적으로 에너지 공급의 중지와 재개를 반복하거나, 최종 소비자의 에너지 설비 장치의 작동을 조정하여 에너지 수요를 줄이는 방법임.

- 에어컨이나 난방기기와 같은 주요 에너지 소비 기기를 적절한 작동 신호를 통해 에너지 공급업체가 직접적으로 통제함.

- 소비자들에게 인센티브를 제공하여 소비자들이 부하 관리 활동에 참여하도록 에너지 공급업체가 유도함.

- 극단적인 부하 통제는 에너지 수요를 관리하기 위하여 에너지 공급업체가 특정 시간대에 특정 지역에 에너지 공급을 차단하는 것임.

○ 수송부문에서 도로의 부하 관리의 사례로 출퇴근 시간대와 같은 피크 시간대에 차량 운행을 제한하는 것을 들 수 있음.

– 우리나라의 경우 차량 2부제 또는 5부제 운행 등도 이에 해당함.

○ 에너지 공급업체에 의한 부하 통제 이외에 에너지 가격을 매개로 한 부하 통제도 고려할 수 있음.

– 경쟁적인 에너지 시장에서 수요 경매(demand bidding) 또는 에너지 환매(되사기: buyback) 등을 통해서 소비자에게 금전적 인센티브 제공하고 특정 시간대에 소비자가 에너지 수요를 줄이도록 하는 것임.

간접적인 부하관리

○ 간접적인 부하관리는 에너지 가격 정보를 소비자에게 제공하여 에너지 소비 행태의 변화를 유도하는 것임.

– 적절한 에너지 가격 정보 체계를 통해서 에너지 공급업체의 에너지 공급 비용의 변화를 소비자가 곧바로 알 수 있도록 해야 함.

• 따라서 소비자가 강제적으로 에너지 소비 행태를 변화시키는 것이 아니라 가장 경제적인 에너지 소비 수준을 소비자가 결정하도록 허용해야 함.

– 이를 위해 일일 시간대별 요금제와 같은 적절한 에너지 요금 체계의 고안이 요구됨.

3. 에너지 효율개선 및 에너지 소비절약

에너지 효율

○ 에너지 절약(energy conservation)은 '에너지 절약이 없다면 예상되는 에너지 사용 수준보다 낮은 수준으로 에너지 사용을 계획적으로 줄이는 것' 이라 할 수 있음.

○ 에너지 효율 개선(energy efficiency improvement)은 에너지 절약의 수단으로서 에너지 효율 개선의 목적은 에너지 소비 기기들의 에너지 소비를 좀 더 개선된 방법으로 에너지 소비를 줄이는 것임.

에너지 효율의 정의[9]

○ 열역학(thermodynamics)에서 에너지 효율은 투입물의 열 함유량(heat content)에 대한 산출물의 열 함유량의 비율로 정의됨.

- 예컨대, 백열등의 에너지 효율이 6%라면 투입 에너지의 6%만 빛으로 전환되고 투입 에너지의 94%는 손실됨을 의미함.
- 하지만 에너지 효율에 대한 열역학적인 정의는 양질(high quality)의 에너지와 저질(low quality)의 에너지를 구분하지는 못함.

○ 열역학적인 측면에서 에너지 효율에 대한 정의가 갖는 문제를 해결하기 위하여 또 다른 개념은 동일한 일을 이상적인 방법으로 수행했

---

9 Bhattacharyya(2011) 참조.

을 때의 에너지 효율과 실제 방법으로 수행했을 때의 에너지 효율을 비교하는 것임.

- 예를 들면, 전력 발전의 실제 에너지 효율이 30%이고, 이론적으로 달성 가능한 이상적인 에너지 효율이 72%라면, 전력발전공정은 42% 효율적인 것으로 간주하는 것임.
- 이러한 정의에 대한 문제점으로
  - 이상적인 에너지 효율을 결정하고 정의하는 것이 쉽지 않음.
  - 이상적인 과정에서 사용되는 완전 가역성(reversibility) 가정이 실제 성립하지 않음.
- 따라서 에너지 효율에 대한 열역학적인 정의가 제한적으로 사용되고 있음.

○ 에너지 효율의 측정 지표로 에너지 집약도(energy intensity)가 사용되기도 함.

- 에너지 집약도는 경제적 변수, 예컨대 GDP 또는 부가가치당 요구되는 에너지 양으로 측정됨.
- 에너지 집약도는 경제의 상대적 성과를 측정할 때 폭넓게 사용되지만, 개념적인 문제점뿐만 아니라 측정에 있어서도 문제점을 안고 있음.

V. 에너지 투자와 에너지 공급분석

본 장은 에너지 공급 측면에서 에너지 투자에 관한 의사결정을 비용-편익 관점에서 분석하고 있음. 비용-편익 분석을 할 때 순현재 가치법을 사용하고 있는데, 시간을 고려하지 않는 경우와 고려한 경우로 나누어 분석하고 있음. 비용-편익 분석은 환경정책의 평가에도 사용되고 있음.

1. 에너지 투자 분석

에너지 프로젝트의 특성

○ 한정된 자원을 다양한 욕구에 배분하는 문제는 적정 투자에 대한 의사결정을 필요로 함.

- 이러한 의사결정은 서로 경쟁적인 여러 투자 기회들을 검토하여 이루어짐.

○ 투자에 대한 의사결정에 기본적인 분석 틀이 비용-편익 분석(cost-benefit analysis)임.

- 비용-편익 분석은 투자 사업의 생애주기 동안 비용과 편익이 평가되어 순편익(net benefit)이 0보다 크면 투자 가능성이 고려될 수 있음.

○ 재무 분석(financial analysis)도 민간 투자 분석에 폭넓게 사용되는 분석 틀임.

○ 하지만 공공적인 또는 준공공적인(near-public) 성격을 갖는 투자는 경제적 분석이 중요함.

○ 에너지 프로젝트의 주요 특징은 다음과 같음.

- 자본 집약성(capital intensiveness): 에너지 산업의 투자에 있어 초기에 요구되는 투자 자본 규모가 크기 때문에 에너지 프로젝트는 자본 집약적임.

- 자산의 특이성(asset specificity): 에너지 산업의 자산은 에너지 부문 이외의 다른 산업에 사용되기 어려운 특성을 갖고 있음. 이러한 특성은 에너지 산업의 자산은 위험에 매우 취약함을 의미함.

- 자산의 장기 내구성: 대부분의 에너지 투자는 장기에 걸쳐 사용 가능함. 예컨대, 발전 설비는 25년 동안 가동이 가능함.

- 건설기간의 장기성: 에너지 프로젝트는 건립에 상당 기간의 시간이 필요함. 예컨대, 핵 발전소 건설에 8-10년이 소요될 수 있음.

  • 건설 기간이 장기간 소요되기 때문에 건설 중에 투자환경이 변하면 투자에 장애 요소로 작용할 수 있음.

  • 또한 에너지 프로젝트는 장기에 걸친 투자이기 때문에 투자 결정에 있어 장기적인 사업 전망을 수반한 신중한 의사결정이 요구되기도 함.

- 대규모 투자: 에너지 프로젝트는 대규모 투자를 수반하기 때문에 규모의 경제(scale of economics)를 이용할 수 있는 장점이 있음.

에너지 프로젝트의 경제적 분석

○ 에너지 프로젝트의 분석 목적

- 에너지 프로젝트의 경제적 분석은 프로젝트의 우선순위를 정해

서 경제적으로 효율적인 프로젝트를 식별하고 선택하여 자원의 효율적 배분을 달성하기 위함.

- 또한 경제적 분석의 목적은 프로젝트의 후생 효과를 분석하는데 두어야 함.
  - 투자 관련 비용의 식별과 추정
  - 투자로부터 얻게 되는 편익의 식별과 추정
  - 투자의 적절성을 판단하기 위하여 비용과 편익의 비교
- 프로젝트 관련 비용과 편익은 두 가지 경우, 즉 프로젝트를 선택한 경우와 프로젝트를 선택하지 않은 경우를 비교하여 식별함.

2. 비용과 편익의 식별

비용의 식별

○ 비용에 대한 견해는 다양하게 나타남.

- 다만, 경제적 분석에 있어 특정 유형의 비용에 대해 주의 깊게 분석될 필요가 있음.

○ 매몰비용(sunk cost): 해당 프로젝트가 현존하는 설비를 이용한다면, 경제적 분석에서는 이를 제외시킴. 왜냐하면 기존 설비는 신규 프로젝트에 추가적인 비용을 유발하지 않기 때문임.

- 기존 설비는 신규 프로젝트와 관계없이 존재하고 있기 때문에 신

규 프로젝트에 추가적인 부담을 부과하지 않음.

○ 조건부 비용(contingency): 프로젝트를 위해 자원의 추가적인 요구를 수반하는 비용. 이 비용은 경제적 분석에 포함시킴.

– 경제적 비용은 불변가격기준으로 측정됨.

○ 운전 자본(working capital): 국가 경제적 자원에 대해 실제 요구되는 비용은 경제적 분석에 포함됨. 하지만 이전 지출(transfer payment)은 경제적 분석에서 제외됨.

○ 이전 지출: 전체 자원의 크기에 변화가 없는 상태에서 한 경제주체에서 다른 경제주체로 이전되는 자원을 의미하는 것으로 일반적으로 실업수당이나 사회보장금 등과 같은 보조금이 이에 속함.

○ 감가상각(depreciation): 경제적 분석은 자산의 초기 비용을 사용하기 때문에 감가상각은 경제적 분석에 포함되지 않음.

○ 외부 비용(external cost): 에너지 프로젝트는 사회 전체적으로 지출하는 외부성(externality)을 유발하기 때문에 경제적 분석은 외부 비용을 포함시킴.

○ 기회비용(opportunity cost): 에너지 프로젝트가 한정된 자원을 이용하면 이로 인해 다른 목적의 생산 또는 소비를 포기해야 하기 때문에 이 때 포기된 재화나 용역을 선택된 프로젝트의 기회비용이라

할 수 있음.

- 기회비용은 경제적 분석을 위해 포함시켜야 할 비용 개념이지만 추정하기가 쉽지 않음.

편익의 식별

○ 시장에서 판매되는 프로젝트의 산출물은 프로젝트의 주요 편익 중 하나임.

- 프로젝트의 산출물이 시장 규모에 비해 크지 않으면 프로젝트의 산출물은 시장 가격에 영향을 미치지 않고 가격 순응자(price taker)가 됨.

○ 프로젝트 산출물은 직접적으로 생산적인 것과 간접적으로 생산적인 것이 있음.

- 예컨대, 댐을 건설하면 전력 발전, 관개 수로 또는 상수도 공급 이외에 오락 시설을 제공할 수 있는데 이러한 부가적인 편익을 화폐 가치로 추정하기는 어렵지만, 편익으로 고려되어야 함.

3. 비용–편익 분석

시간을 고려하지 않는 경우

○ 시간을 고려하지 않는 비용–편익 분석 방법은 간편하고 사용의 용

이성이 있어 많이 사용되고 있음.

○ 시간을 고려하지 않는 비용-편익 분석의 두 가지 주요 지표는 투자액 회수기간(payback period)과 투자의 평균 수익률(rate of return)임.

- 투자액 회수기간은 프로젝트의 내부 현금 흐름의 창출을 통해서 초기 투자액을 상환하는데 필요한 시간을 의미함.

  • 이 방법은 현금 흐름의 분포와 투자액 회수 이후의 현금 흐름에 주의를 두지 않는 단점이 있음.

- 평균 수익률은 초기 투자액에 대한 연간 이윤의 비율로 정의됨. 예컨대, 초기 투자액이 100억 원이고 연간 이윤이 110억 원이라면 평균 수익률은 11%임.

  • 이 방법은 프로젝트의 상업적 수익성을 단순히 제공하는 수준에 머물러 있기 때문에 사회적 편익을 제공하는 프로젝트에 유용한 방법은 아님.

시간을 고려하는 경우

가. 순현재 가치법

○ 프로젝트의 현금 흐름은 다년간에 걸쳐 발생하고, 투자자들은 현재뿐만 아니라 미래의 현금 흐름에 대해서도 관심이 있기 때문에 프로젝트의 평가에 있어 시간을 고려할 필요가 있음.

- 시간을 고려하는 비용-편익 분석 기법으로 순현재 가치(net

present value)와 내부 수익률(internal rate of return) 지표가 있음.

○ 순현재 가치법의 수학적 표현은 일반적으로 다음과 같음.

$$NPV = \sum_{t=1}^{T} \frac{B_t - C_t}{(1+r)^t} - I_0$$

- B_t: t년도의 편익, C_t: t년도의 비용, I_0: 초기 연도의 투자액, r : 할인율(discount rate)

- $NPV > 0$인 프로젝트는 투자할 가치가 있으며 NPV가 클수록 더 좋은 투자 대안으로 판단할 수 있음.

○ 편익-비용 비율(Benefit-Cost Ratio)은 순현재 가치법을 변형하여 표현한 것임.

$$\frac{B}{C} = \frac{\sum_{t=1}^{T} B_t/(1+r)^t}{\sum_{t=1}^{T} C_t/(1+r)^t}$$

- BC 비율이 1보다 큰 프로젝트는 순비용보다 순편익이 크기 때문에 투자할 가치가 있음을 의미함.

- BC 비율은 순현재 가치법과 동일한 정보를 제공하지만 비율로만 표현되기 때문에 순편익의 규모와 프로젝트의 상대적 규모 등에 대한 정보를 보여주지 못함.

○ 순현재 가치법은 비용과 편익을 평가해야만 계산이 가능함. 하지만 편익을 추정하기 어려운 경우에는 순현재 가치법을 적용하기 쉽지 않음. 따라서 투자 대안들 중에 편익이 동일하거나 유사한 경우에 비용만을 현재가치로 계산하여 투자에 대한 의사결정을 할 수도 있음.

$$NPC = \sum_{t=1}^{T} \frac{C_t}{(1+r)^t} - I_0$$

나. 내부수익률

○ 내부수익률은 순현재 가치를 0으로 만들어주는 할인율을 찾는 것임. 이때의 할인율을 내부 수익률이라 함. 즉,

$$NPV = \sum_{t=1}^{T} \frac{B_t - C_t}{(1+i)^t} - I_0 = 0$$

- 위의 식에서 i를 내부 수익률이라 함.

○ 내부 수익률이 민간 투자자들의 시장 이자율이나 정부에 의해 결정되는 사회적 이자율보다 크면 투자의 매력이 있음을 나타냄.

○ 프로젝트 평가를 위한 순현재 가치법(*NPV*)과 내부 수익률(*IRR*)의 활용은 서로 상반된 결과를 낳을 수 있음. 그 원인으로 다음을 지적할 수 있음.

- 가능한 한 높은 내부 수익률에 대한 선호

- 현금 흐름의 발생 기간에 대한 차이

○ 두 방법에 차이가 발생하는 경우 순현재 가치법을 선택 기준으로 선호됨.

VI. 시장구조

본 장은 에너지 시장을 분석하기 위한 시장구조에 관한 경제 이론을 제공하고 있음. 이를 위해 시장을 완전경쟁시장, 독점시장, 그리고 과점 시장에 중점을 둠. 독점 시장은 순수 독점시장과 자연독점 시장으로 나누고 있으며, 과점시장은 산출량의 반응 곡선에 기초하는 꾸르노 모형과 가격의 반응 곡선에 근거한 버트란트 모형을 제시하고 있음. 기업들이 에너지 시장에 진입하기 위하여 대부분 초기 대규모 자본이 소요되는 특징을 갖고 있기 때문에 에너지 시장은 독점 내지 과점 시장이 적용되는 경우가 많음.

1. 완전경쟁시장

완전경쟁의 조건

○ 다수의 판매자와 구매자: 시장에서는 다수의 소비자와 생산자가 시장에서 거래를 시도함.

- 하지만 다수의 소비자와 생산자가 있는 시장에서 소비자와 생산자는 시장지배력이 없기 때문에 가격수용자(price-taker)임.

○ 동질적 상품(homogeneous product)

- 완전경쟁 시장에서 거래되는 재화가 서로 동질적이기 때문에 가격 차별을 할 수 없음. 따라서 한 종류의 재화에 하나의 가격만 존재함. 또한 소비자는 오직 가격에만 관심을 갖게 됨.

○ 완전정보: 경제주체들이 거래와 관련하여 가격을 포함한 모든 경제적 및 기술적 정보를 소유

○ 진입퇴출의 자유: 시장의 장기 균형과 연관되어 기업이 자유롭게 진입 및 퇴출 가능

완전경쟁의 결과

○ 모두가 가격수용자(price-taker): 각 공급자에 대한 수요곡선은 무한 탄력성을 가짐.

- 가격수용자의 의미: 모든 시장참여자는 시장규모에 비해 너무 작기 때문에 누구도 시장가격에 영향을 미칠 수 없음. 따라서 시장에서 결정된 균형가격을 주어진 것으로 받아들여야만 함. 즉, 개별 공급자가 느끼는 수요곡선은 무한 탄력적임.

○ 모든 공급자는 장기적으로 정상이윤(경제적 이윤)을 누린다.

완전경쟁시장의 단기 균형

○ 소비자는 주어진 예산제약 하에서 효용을 극대화하기 위한 각 재화의 수요량 결정

- 소비자의 시장 수요함수는 일반적으로 가격이 상승하면 재화의 수요량은 감소하고 가격이 하락하면 재화의 수요량은 증가함. 따라서 시장 수요함수는 우하향의 기울기를 갖음.
  - 소비자의 수요함수에서 각 가격수준은 각 수요량에 대한 최대 지불의사(willingness to pay)를 나타냄.

○ 개별 생산자는 시장에서 수입(revenue)에서 비용을 차감한 이윤(profit)을 극대화시키는 생산량을 결정할 것임.

- 이에 따라 시장 공급곡선은 우상향의 기울기는 갖음. 즉 가격이

상승하면 공급량을 증가시키려 하고, 가격이 하락하면 공급량을 감소시키려 할 것임.

- 생산자의 공급함수에서 각 가격수준은 각 수요량에 대하여 최소한 받고자 하는 가격 수준(willingness to sell)을 나타냄.

– 완전경쟁시장에서 기업들은 시장가격과 한계비용이 일치하는 수준에서 생산함.

- 이에 따라 시장에 공급되는 수량은 각 기업의 생산량을 합한 수량이며, 이것이 시장공급곡선이 됨.

○ 완전경쟁시장에서 단기균형은 우하향의 수요곡선과 공급곡선이 서로 교차하는 지점에서 시장 균형가격과 균형 거래량이 결정됨.

완전경쟁시장의 장기 균형

○ 완전경쟁시장에서 기업은 단기적으로는 시장가격이 평균총비용보다 낮더라도 생산을 지속하는 경우가 있음.

○ 하지만 장기적으로 고정비용과 가변비용 모두를 총수입으로 충당하지 못할 때 기업은 시장에서 이탈하고자 할 것임. 즉, 장기적으로 시장가격이 평균총비용보다 낮을 때 기업은 시장에서 퇴출함.

○ 이처럼 시장에서는 기존 기업들은 시설규모 변경 등을 통한 장기조정이 존재할 수 있으며, 또한 기존 기업의 퇴출, 그리고 신규 기업의 시장 진입 등을 통한 장기 조정이 일어남.

- 이러한 장기 조정은 기업들의 정상이윤이 0에 수렴할 때까지 발생할 것임. 따라서, 장기적으로 시장가격은 장기평균비용(LAC: long-run average cost)의 가장 낮은 수준과 일치하게 됨(〈그림 Ⅵ-1〉 참조).

〈그림 Ⅵ-1〉 개별기업의 장기 균형과 시장 장기균형

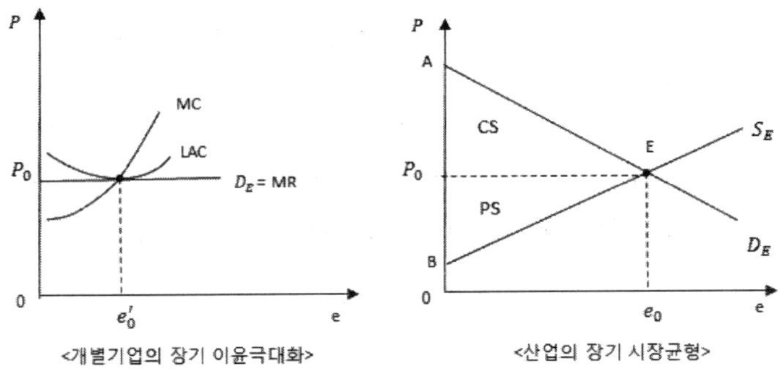

완전경쟁시장 균형의 후생적인 특징

○ 경쟁의 압력: 기업의 효율적 운영을 유도하여 장기적으로 효율적인 기업만 생존함.

- 장기균형에서 시장가격은 장기평균비용의 가장 낮은 수준과 일치하기 때문에 효율적인 생산규모를 유지하도록 하여 상품이 가장 낮은 비용으로 생산하게 되고 거래량은 가장 큼.

○ 완전경쟁시장의 효율성

- 시장 균형 상태에서 시장 가격(P)은 기업의 한계비용(MC)과 일치하게 됨.

- 각 수요량에 대한 수요곡선의 높이인 가격은 소비자들의 한계 편익을 의미함.
- 각 공급량에 대한 공급곡선의 높이는 생산자들의 한계비용을 의미함.

– 따라서 시장균형에서 소비자의 한계편익과 생산자의 한계비용이 일치하게 되며, 이때 사회적 후생인 순편익이 극대화됨(〈그림 Ⅵ-1〉 참조).

- 즉, 소비자잉여(CS: consumer' s surplus)가 극대가 되며, 생산자잉여(PS: producer' s surplus)가 극대가 됨.

○ 자원배분의 효율성 조건

– 수요곡선의 높이(P) = 공급곡선의 높이(MC)

- 가격과 한계비용이 일치할 때, 완전경쟁시장에서 개별 기업의 이윤 극대화 조건과 자원배분의 효율성 조건이 충족됨.

2. 완전경쟁시장 모형의 확장

자본의 불가분성10

○ 자본의 불가분성(indivisibility)은 설비 확장이 주로 이산적인(discrete) 단위 형태의 투자로 이루어짐을 의미함.

---

10 Bhattacharyya (2011) 참조.

- 에너지 산업 부문은 자본의 불가분성이 일반적인 형태라 할 수 있음.

  - 유전(oil fields)이나 광산은 특정 규모의 설비 능력의 형태로 개발됨. 또한 정제 시설이나 발전소도 특정 규모의 형태로 건립됨.

  - 따라서 에너지 산업 부문에서 추가 증설(increment)은 오직 특정 규모로 가능하며, 완만하고(smooth) 연속적인(continuous) 증설은 불가능하다고 볼 수 있음.

○ 자본의 불가분성은 공급 곡선의 형태를 변화시키게 됨.

- q^0의 생산 능력을 갖는 생산 설비 하에서 생산량은 q^0를 초과할 수 없음.

- 공급의 한계비용은 v로 일정하다고 가정하고 공급량이 q^0를 초과하면 공급곡선은 수직선이 됨.

〈그림 Ⅵ-2〉 최대 공급 능력이 고정된 경우

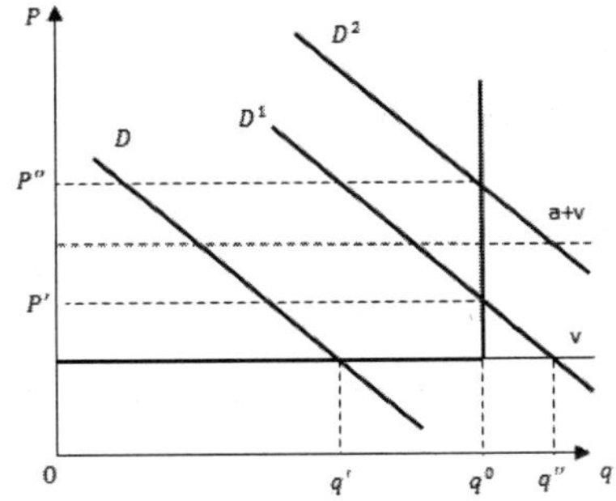

- 이제 수요곡선이 D라면 시장 청산 가격은 한계비용(v)이 될 것임. 이 때 균형 거래량은 q'이기 때문에 수요량에 비해 초과 설비

능력이 존재함.

- 이 경우 에너지 공급 기업은 운영 비용 또는 가변 비용만을 회수하게 됨. 즉 고정비용(a)만큼 손실이 발생함.

– 소비자의 소득이나 다른 요인의 변화로 인해 수요곡선이 D^1으로 이동한 경우 가격이 한계비용에 머물러 있으면 $(q''-q^0)$만큼 초과 수요가 존재함.

- 따라서 시장을 청산시키려면 가격을 P'으로 인상시켜 수요량도 q^0로 유지시켜야 함.

- 하지만 고정비용의 일부만을 회수하고 있기 때문에 여전히 손실을 감수해야 함.

– 수요가 충분히 증가하여 가격이 (a+v)와 일치하는 수준에 다다르게 되면 기업은 고정비용 전부를 회수할 수 있게 됨.

- 수요가 D^2까지 증가하면 가격이 (a+v)를 초과하기 때문에 기업은 (+)의 이윤을 얻게 됨.

○ 기존 기업의 시설 증설, 또는 신규 진입 등으로 인해 추가 공급 설비 능력이 발생하여 시장의 최대 가능한 공급 능력이 q^1으로 증가하였다고 가정.

– 수요곡선이 D^3라 하더라도 초과 공급이 존재하여 가격은 단기 한계 비용(v) 수준까지 하락하게 될 것임.

– 이처럼 에너지 시장에서 가격이 불안정하게 움직일 가능성이 높음. 이러한 가격의 불안정성은 장기 투자 결정에 영향을 미칠 수

있게 되어 불확실성이 증가할 수 있음.

- 투자자들은 투자 결정에 있어 이러한 불확실성을 선호하지 않을 것이기 때문에 이러한 변동성을 조정할 필요성이 있음.

〈그림 Ⅵ-3〉 추과 공급 능력이 발생한 경우

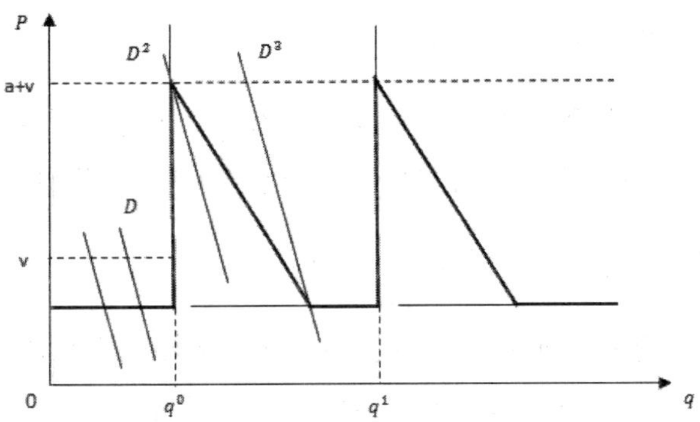

3. 독점시장

독점시장의 특성

○ 그 제품의 유일한 공급자임.

○ 밀접한 대체재가 없음.

○ 제품의 시장가격에 영향을 미칠 수 있어야 함.

독점 발생의 원인

○ 진입장벽(Barriers to Entry)이 존재하여 새로운 기업이 경쟁자로 진입할 수 없어야 함.

○ 진입장벽의 종류

– 주요 생산요소의 독점: 특정 천연자원의 공급을 한 회사가 독점하는 경우 독점이 발생. (예: 다이아몬드 생산, 중동의 석유)

– 규모의 경제(자연독점)

- 시장전체에 대한 수요를 여러 생산자보다 하나의 생산자가 더 적은 비용으로 생산 공급할 수 있는 시장조건
- 최소 최적 생산량 규모가 시장규모보다 더 큰 경우 (예: 전력, 철도, 통신산업)

– 정부의 진입규제

- 특허권(patent), 저작권, 지적 소유권(intellectual property right) 등은 정부가 인정하는 합법적인 독점권임.
- 어떤 산업에 대해서는 정부가 배타적인 독점 공급권 또는 전매권을 부여하기도 함. (예: 담배, 홍삼 사업 등)

순수독점 하의 단기균형

○ 독점시장에서의 기업은 그 자체가 하나의 산업이기 때문에 우하향하는 수요곡선에 직면.

- 수요곡선이 마이너스 기울기를 갖기 때문에 독점기업의 한계수입은 항상 가격보다 작음. 즉, 독점기업의 한계수입곡선은 수요곡선의 아래에 위치함.

○ 독점기업의 이윤극대화(〈그림 Ⅵ-4〉 참조)

- 독점산업(기업)의 이윤극대화 조건은 한계수입(MR) = 한계비용(MC)임. 이때 독점 판매량은 으로 결정되고, 독점가격은 에서 수요곡선 상에서 으로 결정됨.
- 따라서 독점기업의 한계수입은 가격보다 낮기 때문에 독점기업은 독점이윤을 누릴 수 있게 됨.

〈그림 Ⅵ-4〉 독점기업의 이윤 극대

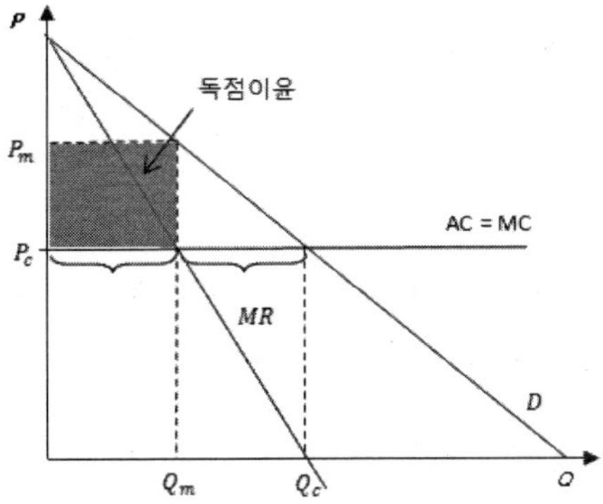

- 독점산업에서 단기균형점에서 수요의 가격탄력성(e)은 1보다 큼. 즉, 독점기업의 이윤극대화 조건으로부터 한계수입을 가격과 탄력성을 이용해서 표현하면 다음과 같음.
   - $MR = P(1-1/e) = MC$
   - $MC > 0$이므로 e는 1보다 큼.

○ 완전경쟁시장과 독점시장 간에 균형 가격과 균형 거래량을 서로 비교하면, 균형 가격은 완전경쟁시장에서 낮고($P_c < P_m$), 균형 거래량은 완전경쟁시장이 더 많음($Q_c < Q_m$)을 알 수 있음.

– 따라서 소비자는 독점시장보다 완전경쟁시장을 더 선호할 것임.

○ 한편, 가격이 한계비용보다 크기 때문에 자원배분의 비효율성이 발생하게 됨.

자연독점(natural monopoly)

○ 자연독점의 경우 규모의 경제가 존재해서 장기 평균비용곡선이 모든 산출량에 대해 우하향함.

– 평균비용곡선이 우하향하면 한계비용곡선은 모든 산출량 수준에 대해 평균비용곡선 아래에서 우하향함. 즉, 평균비용이 한계 비용보다 큼.

• 가격=한계비용' 이면 가격이 평균비용보다 낮기 때문에 독점기업은 손실을 입게 됨.

• 그러므로 규모의 경제는 완전경쟁시장과 양립할 수 없음.

○ 독점가격을 책정하면 독점이윤을 누릴 수 있으나, 자원배분상의 비효율 발생

○ 자연독점의 경우, 생산의 효율성을 살리면서 동시에 독점의 비효율성이 발생하지 않도록 규제를 할 필요성

– 한계비용 가격설정(MC pricing)

- P = MC인 수준에서 가격을 규제하면 완전경쟁시장 하에서 개별기업의 이윤극대화 조건과 동일하기 때문에 자원배분의 측면에서 가장 바람직한 결과임.

- 그러나 자연독점의 경우 평균비용이 한계비용보다 크므로 손실이 발생하기 때문에 자연독점의 손실분을 보전(보조금)해 주어야 하는 재정적 부담이 발생함.

– 평균비용 가격설정(AC pricing)

- 독점기업의 이윤이 0이 되도록 하기 위해서 가격과 평균비용이 일치하는 수준에서 가격 설정.

- 이 경우 독점기업으로 하여금 최소한 손실은 보지 않게 하면서 가능한 한 많은 상품을 가장 낮은 가격에 공급 유도하는 장점이 있음.

〈그림 Ⅵ-5〉 자연독점의 가격 설정

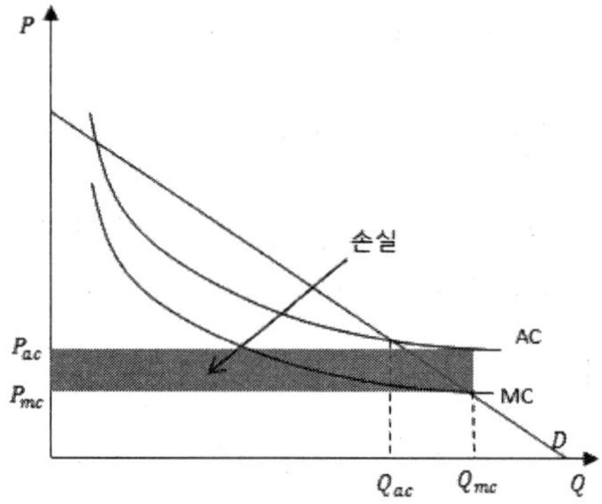

4. 과점시장

과점시장(oligopolistic market)

○ 시장에 둘 이상, 그러나 아주 많지 않은 수의 공급자가 존재하는 시장

○ 복점(duopoly): 시장에 두 기업만이 존재하는 시장

과점의 발생 원인

○ 규모의 경제의 존재.

○ 대규모의 초기 자본과 같은 각종의 진입장벽의 존재로 경쟁기업의 진입이 어려울 때

○ 경쟁에 의한 기업의 시장퇴출로 인한 과점화

과점시장의 특징

○ 과점시장 안의 기업들 사이에 강한 상호 의존성이 존재함. 특히 상품의 품질이 동질적인 경우는 상호 의존성이 클 수밖에 없음.

- 예컨대, 정유회사들은 원유로부터 거의 유사한 품질의 석유제품을 생산하기 때문에 정유회사들 간에 의존성이 클 가능성이 매우 높음.

○ 각 기업은 경쟁기업이 어떤 반응을 보일 것이라고 보는지에 따라 기업의 선택 전략이 달라짐.

- 즉, 과점시장에서 각 과점 기업이 얻는 이윤은 자신의 선택뿐만 아니라 경쟁관계에 있는 다른 과점 기업들의 선택에도 의존함.
    - 이와 같은 상황에서 기업은 무모한 경쟁을 피하고 담합(collusion)을 통해 공동이익을 추구하게 되는 유인이 존재함.
- 과점시장에서 각 기업들은 필연적으로 전략적 반응을 고려할 것임. 즉 기업이 가격을 내리고자 한다면, 다른 경쟁 기업들은 어떻게 행동할 것인지를 고려해야만 함.
    - 동일한 금액만큼 가격을 내리거나 더 내릴 수도 있음.
    - 가격전쟁으로 이어질 수 있으며 이 경우 모든 기업의 이윤이 감소할 것임.

○ 추측된 변화에 입각한 모형

– 경쟁 기업이 어떻게 반응할 것인지에 대한 추측

• 추측의 대상 : 산출량 또는 가격

– 산출량의 추측된 변화(conjectural variation in output: CV_q)

• 기업 i 가 산출량을 ΔQ_i만큼 변화시킬 때, 경쟁 기업인 기업 j 가 산출량을 얼마만큼 변화시킬 것인가에 대한 추측

$$CV_q = \frac{\Delta Q_j}{\Delta Q_i}$$

– 가격의 추측된 변화(conjectural variation in price: CV_p)

• 기업 i 가 가격을 ΔP_i만큼 변화시킬 때, 경쟁 기업인 기업 j 가 가격을 얼마만큼 변화시킬 것인가에 대한 추측

$$CV_p = \frac{\Delta P_j}{\Delta P_i}$$

○ 과점시장의 균형

– 균형의 정의

• 그들이 할 수 있는 최선을 다하고 있으며 자신들의 가격이나 생산량을 변화시킬 이유를 갖지 않는 상태

• 모든 기업이 경쟁기업을 고려하고 있다고 가정함.

– 내쉬균형(Nash equilibrium)

• 경쟁기업들의 행동이 주어졌을 때, 각 기업들이 자신이 할 수 있는 최선의 선택을 함으로써 나타나는 기업들의 전략이나 행동의 집합

과점시장 모형의 형태

○ 재화 특성에 따른 형태

– 동질적 재화(homogeneous good) 시장

• 재화가 동질적이기 때문에 개별 재화에 대한 수요함수는 존재하지 않고, 시장 전체의 수요함수만 존재

– 차별화된 재화(differentiated good) 시장

• 차별화된 재화의 경우 동질적 재화와 달리 각 재화마다 자체적인 수요곡선이 따로 존재할 수 있음.

• 하지만 이들 사이에 대체성이 크기 때문에 서로의 가격에 영향을 받을 수 있음.

○ 경쟁 방식에 따른 형태

– 산출량으로 경쟁

• 쿠르노(Cournot) 모형과 슈타켈버그(Stackellberg) 모형

• 각 기업은 상대 기업이 현재의 산출량을 그대로 유지할 것이라고 추측한다는 기본가정에서 출발.

- 따라서 각 기업은 상대방이 일단 어떤 산출량을 선택하면 이것을 주어진 것으로 보고 자신의 이윤을 극대화하는 산출량을 선택함(모두 추종자(follower)의 역할을 가정함).

– 가격으로 경쟁

- 버트란트(Bertrand) 모형와 굴절수요곡선(kinked demand) 모형

- 쿠르노 모형을 비판하여 산출량의 변화는 생산 능력(capacity)의 변화가 수반되어야 하는데 생산 능력의 변화는 시간이 걸리기 때문에 수량 경쟁은 장기에서의 경쟁 수단이라고 주장.

- 적어도 단기에는 기업이 수량경쟁보다는 가격 경쟁을 하는 것이 보다 자연스러운 모형이라고 주장함.

- 각 과점 기업은 상대방이 현재의 가격을 그대로 유지할 것이라는 기대 하에서 자신의 가격 결정을 위한 행동을 선택

○ 의사결정 순서에 따른 형태

– 동시 결정 모형

– 순차적 선택 모형: 스타켈버그(Stackelberg)의 선도자–추종자 모형(leader–follower model)

- 지배적 기업(dominant firm)이 가격을 선도하고 나머지 기업은 이를 그대로 따름으로써 암묵적으로 협조체제를 유지함.

○ 담합의 정도에 따른 형태

- 상호 협조 없이 독자적인 행동: 각 기업은 상대방의 반응(reaction)에 대해 모종의 추측을 하고 이것에 입각하여 자신의 최적을 선택
- 불완전한 담합
- 완전한 담합

꾸르노(Cournot) 모형

○ 기업들은 동일한 재화를 생산하고, 각 기업은 경쟁기업의 생산량이 고정된 것으로 생각하며, 모든 기업들은 생산량을 동시에 결정한다는 가정을 하는 과점시장 모형

○ 반응곡선(reaction curve)의 도출

- 휘발유 시장에서 정유회사 A와 정유회사 B, 즉 두 개의 기업만 있는 복점(duopoly)을 가정해 보자.
- 반응 곡선은 한 기업의 이윤극대화 생산량과 그 기업이 경쟁기업의 생산량이라고 추측하는 생산량 간의 관계를 나타낸 곡선
- 기업 A의 이윤극대화 생산량은 기업 B의 추측 생산량의 감소함수로 나타남.
- 휘발유 시장 전체의 수요곡선이 D_a곡선으로 주어지고 분석의 편의를 위해 각 정유회사의 한계비용은 $BC_A = c > 0$으로 산출량과 관계없이 일정하다고 가정함.

- 정유회사 B가 0의 휘발유 산출량을 선택하면 정유회사 A는 D_a 곡선에 상응하는 한계수입곡선 MR_a를 도출할 수 있음.
- 그리고 정유회사 A는 MC_A 와 MR_a 곡선이 서로 교차하는 점에서의 산출량 $\widetilde{Q_A}$을 이윤 극대화 산출량으로 선택할 것임. 즉, 정유회사 B의 산출량이 0이라면 이에 반응하는 정유회사 A의 이윤 극대의 산출량은 $\widetilde{Q_A}$이며 이것은 점 a로 표시할 수 있음.

– 이제 정유회사 B가 Q_B^1의 산출량을 선택하면 정유회사 A는 휘발유 시장수요곡선(D_a)을 Q_B^1 만큼 왼쪽으로 수평 이동시킨 D_b 곡선을 자신의 수요곡선으로 인식하고 이에 해당하는 한계수입곡선 MR_b를 도출함.

- 그리고 정유회사 A는 MC_A 와 MR_b곡선이 서로 교차하는 점에서의 산출량 Q_A^1을 이윤 극대화 산출량으로 선택할 것임. 따라서, 정유회사 B의 산출량이 Q_B^1라면 이에 반응하는 정유회사 A의 이윤 극대의 산출량은 Q_A^1이며, 이것은 점 b로 표시할 수 있음.

– 마지막으로 정유회사 B가 시장수요곡선에 따라 이윤 극대의 휘발유 산출량을 결정하면 정유회사 A는 이에 반응하여 휘발유 산출량을 0으로 결정할 것임. 이것은 점 c로 나타낼 수 있음.

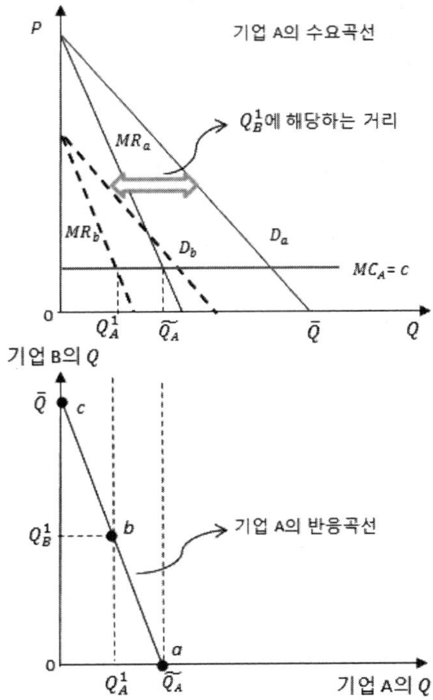

〈그림 VI-6〉 꾸르노 모형의 반응곡선 도출

- 위의 분석으로부터 점 a, 점 b, 그리고 점 c를 연결한 직선이 정유회사 A의 정유회사 B의 산출량에 대한 반응곡선임.
    - 즉, 정유회사 B의 산출량에 대한 정유회사 A의 최적 반응(best response)을 모아 하나의 궤적을 만든 것임.

○ 꾸르노 모형의 균형

- 정유회사 A의 반응곡선을 도출한 방식과 동일한 방법으로 정유회 B의 반응곡선을 도출할 수 있음.

- 꾸르노 균형은 정유회사 A의 반응곡선과 정유회사 B의 반응곡선이 서로 교차하는 점 e에서 이루어지고 이때 각 기업의 산출량은 각각 Q_A^*와 Q_B^*가 될 것임.

  • 점 e는 어느 정유회사도 혼자만 산출량을 다른 수준으로 바꾸려 들지 않는다는 의미에서 균형이 이루어짐.

〈그림 Ⅵ-7〉 꾸르노 모형의 균형

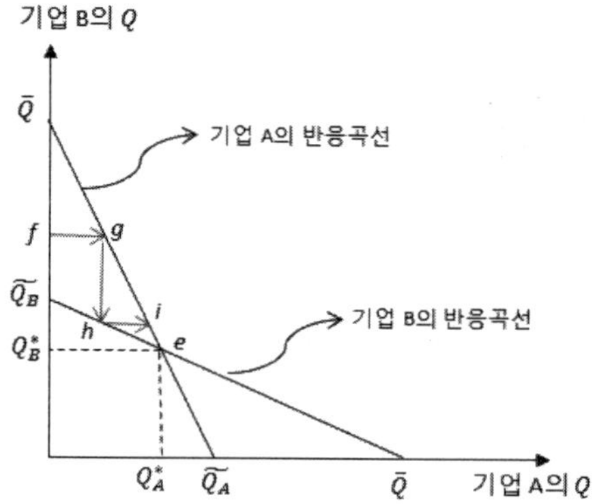

- 점 e는 안정적임. 왜냐하면 균형이 아닌 점 f에서 출발하였을 때 점 e로 수렴하고 있는 것을 알 수 있음.

○ 꾸르노 모형의 한계

- 현실 경제 세계에서 복점 상태에 있는 기업들이 모두 추종자로 행동하지는 않음.

- 슈타켈버그(H. von Stackelberg)

  • 두 기업 중 하나 또는 둘 모두가 산출량에 관해 추종자(follower)가 아닌 선도자(leader)의 역할을 하는 모형을 제시함.

버트란트(Bertrand) 모형

○ 과점 시장에서의 경쟁은 생산량이 아닌 가격에서 일어날 수도 있음.

- 버트란트 모형은 각 기업들은 동질적인 제품을 생산하고, 경쟁기업의 가격이 고정되어 있는 것으로 생각하며, 가격에 대한 각 기업들의 의사결정이 동시에 이루어진다고 가정함.
- 가격의 추측된 변화(CV_p)에 입각한 모형 제시
    - 각 기업은 상대방이 현재의 가격을 그대로 유지할 것이라는 기대 하에 자신의 행동을 선택함. 즉,

$$CV_P = \frac{\triangle P_j}{\triangle P_i} = 0$$

○ 동질적인 제품을 생산하는 두 기업이 경쟁하고 있음.

- 소비자들은 완전한 정보 보유
- 상품을 생산하는데 드는 한계비용이 일정한 수준에서 변하지 않는다고 가정함.
- 기업 B의 최적 대응
    - 상대방이 부른 가격(P_1)보다 약간 낮은 가격이 최적 대응임. 따라서 45도 선보다 약간 아래(오른)쪽에 위치한 반직선이 기업 B의 반응곡선
- 마찬가지로 기업 A의 반응곡선은 45선보다 약간 위(왼)쪽에 위치

한 반직선

– 두 반응곡선이 교차하는 e점에서 균형

- 재화가 동질적이기 때문에 소비자는 가장 낮은 가격을 구입하기를 원함. 따라서 기업이 다른 가격을 책정하면, 소비자는 가장 낮은 가격의 제품만을 구매할 것임. 하지만 기업들의 가격이 동일하면 소비자는 누구에게 구매를 하든 무차별적일 것임.

〈그림 Ⅵ-8〉 버트란트 모형의 균형

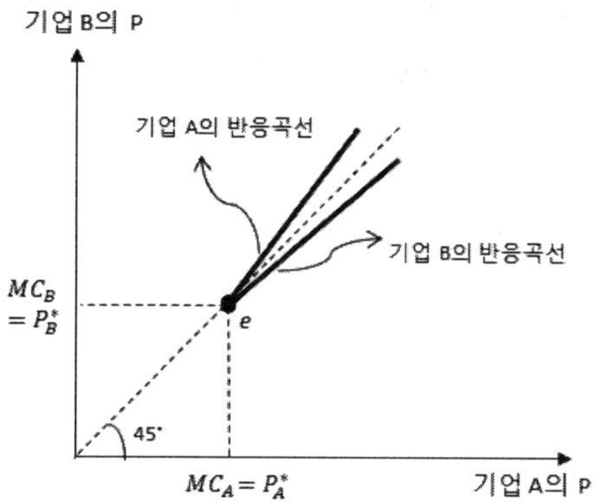

○ 버트란트 균형(Bertrand equilibrium)

– 가격과 산출량이 완전경쟁시장에서와 비슷한 수준

- 두 기업이 모두 한계비용과 같은 수준에서 가격을 설정함. 따라서 두 기업 모두 0의 이윤을 얻음.

- 버트란트 경쟁의 결과로 효율적인 자원배분이 이루어짐.

– 매우 제한된 가정 하에서 얻어진 결론

○ 버트란트 모형의 비판

- 기업들이 동일한 제품을 생산하는 경우에는 가격보다는 수량을 가지고 경쟁한다는 것이 더 자연스러운 가정일 수 있음.

- 같은 기업들이 가격으로 경쟁하고 동일한 가격을 책정하면 시장의 총판매량에서 각 기업이 가져가는 판매량은 얼마가 되는가?

  • 균등하게 분배되지 않을 것임.

전력시장에의 시장지배력 측정

○ 일반적으로 시장지배력은 실제적인 재화의 공급과 관련된 비용의 상승과 관계없이 지속적으로 소비자에 대한 요금을 상승시키기 위해, 재화의 공급을 줄이거나 신규사업자의 시장진입을 막고 경쟁회사의 비용을 증가시킬 수 있는 능력을 의미함.

○ 이러한 시장지배력의 존재는 많은 정책변화와 법정소송을 초래하기도 하고, 특히 정부의 반독점정책은 시장지배력의 정도와 밀접하게 연관되어 있음.

○ 만약, 한계비용 데이터를 구할 수 있다면, 다음과 같은 가격에 대한 수요의 탄력성으로 조정된 러너지수(elasticity-adjusted Lerner index)를 사용하여 시장지배력의 정도를 측정할 수 있음.

$$\theta_t = \frac{P_t - MC_t}{P_t}\eta_t$$

- 여기서 η_t는 수요의 가격탄력성을 나타내며, θ_t의 식별은 이러한 탄력성의 변화에 의존함.

- θ_t의 값에 따라서 경쟁형태를 구별할 수 있음. 구체적으로 $\theta_t = 0$이면 완전경쟁, $\theta_t = \frac{1}{N}$이면 쿠르노 균형, 그리고 $\theta_t = 1$이면 공동이윤극대화를 나타냄.

○ 여기서 시장의 효율성 측정의 핵심은 한계비용 데이터를 구하는 것이나 이는 상당히 어려움.

- 그러나 시장효율성의 정도를 정확히 추정하는 것은 많은 정책적 함의를 가지기 때문에 경제학자들은 시장지배력을 추정하기 위해서 노력해 왔음.

집중률 지수, 허핀달 지수와 양방향변이모형

○ 차선책으로 시장지배력을 측정하기 위해 시장구조측면의 지표로 다음과 같은 간단한 요약통계자료를 사용해 인수 · 합병의 가이드라인으로 사용함.

- 집중률지수(concentration ratios): 시장점유율 상위 κ개 기업의 시장점유율을 더한 것으로 정의함.

- 허핀달지수(HHI): 시장점유율 상위 κ개 기업의 시장점유율을 제곱하여 더한 것으로 정의

○ 그러나, 에너지 산업에서 이러한 간단한 통계자료는 시장지배력을

정확하게 측정해내지 못하는 것으로 나타남.

- 특히, Borenstein, Bushnell과 Knittel(1999)은 구조개편 된 전력 시장에서는 이러한 간단한 통계자료는 시장지배력의 정도와 음의 상관관계를 가질 수도 있다고 주장함.

○ 따라서, 경제학자들이 시장지배력을 추정하기 위해서 가장 널리 사용하는 방법 중의 하나는 양방향변이모형의 기법임.

- 이 방법은 기업들의 일차미분조건을 이용해서 가격비용의 마진(price-cost margin)을 추정해 내는 기법임.

- 즉, 한계비용은 투입요소의 함수로서 정의하고 수요의 시간에 따른(또는 횡적으로) 가격의 변화치를 모수로 이용해서 시장지배력의 모수를 공급함수에서 추정해내는 방법임.[11]

---

11 예를들면, Appelbaum(1983), Porter(1983), Roberts(1984), Gelfand and Spiller(1987), Brander 와 Zhang (1993), Ellison(1994), Nebesky, McMullen 그리고 Lee(1995), Kadiyali(1996, 1999), Kadiyali, Vilcassim 그리고 Chintagunta(1999), Raper, Love와 Shumway(2000)등이 있음.

VII. 전력시장의 구조와 주요정책

본 장은 앞에서 다룬 경제학적인 이론을 전력시장에 적용하여 다루고 있음. 이를 위해서 먼저 우리나라의 전력시장 운영의 특징과 규제체계에 관해서 살펴보고 이후에는 전력시장의 주요 이슈에 대해서 논의하고 있음. 전력시장의 주요 이슈는 먼저 구조개편 관련 논란에 대해서 다루고 있으며 이후에는 관련된 문헌, 그리고 구조개편의 효과를 분석할 수 있는 방법론에 관해서 논의하고 있음. 마지막으로 민간발전사의 비중이 증대되고 있는 시점에서 전력시장 감시기능을 강화할 수 있는 방안에 대해서 다루고 있음.

1. 전력시장 개관

전력시장의 구조개편의 역사

○ 1998년에 전력시장이 개설되어 구조개편의 기본안이 마련됨.

- 1998년 전력산업 구조개편 기본계획이 마련되고, 1999년에 발전경쟁대비 전력시장운영시스템 구축 기본계획이 확정되었으며, 2000년에 전력거래소가 설치되고 운영되었으며, 2001년에 한국전력거래소가 설립허가를 받고 변동비반영 발전경쟁 전력시장이 개설되었음.

○ 변동비반영 발전경쟁 전력시장은 전력시장 거래제도 개선의 1단계이며 이후에 전력시장의 구조개편은 2004년에 중단됨.

- 2002년 전력시장감시위원회가 설립되고 전력시장감시제도가 시행되었으며, 2003년에 직접구매제도가 도입되었고, 2004년에는 구역전기사업제도가 도입되었으며, 2004년에는 양방향입찰 도매전력시장의 도입이 중단되었음.

○ 따라서 2004년 이후에는 기존의 변동비반영 발전경쟁 전력시장은 변형되어 운영되기 시작함.

- 2005년에는 변동비반영시장이 올바르게 운영되고 있는지에 대한 평가가 시행되었으며, 2007년에는 전력시장의 거래제도에 대한

개선이 시행되었고 2008년에는 수요자원시장이 개설되었음.

〈그림 Ⅶ-1〉 우리나라 전력시장의 구조

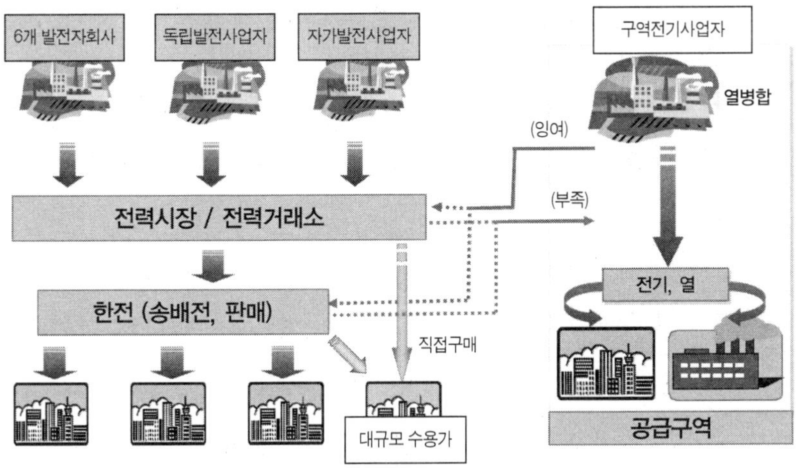

자료: 전력거래소

우리나라 전력시장 운영의 특징

○ 현재의 전력시장은 2001년 4월에 개설된 변동비반영 발전경쟁시장이며, 전력시장에 경쟁을 도입하기 위하여 개설되었음.

- 2000년 12월에 발효된 전기사업법에 따라서 전력거래를 하고자 하는 자는 의무적으로 전력시장에 참여해야하는 강제적인 전력시장임.

- 기저발전과 일반발전시장을 구분하여 운영하는 구분정산방식제도를 채택하고 있음. 이는 기저발전방식인 원자력과 석탄 등은 고정비가 높으며 변동비가 낮은 특징을 가지고 있으나, 일반발전기는 고정비는 상대적으로 낮고 변동비가 높은 특징을 보유하고 있기 때문임.

- 강제적으로 계통운영보조서비스의 공급을 의무화하고 있음. 이러한 서비스는 주로 수력과 양수발전기를 통해서 운영되고 있음.

- 양수발전기의 운영을 최적화함으로써 시장참여자에게 불이익을 주지 않으면서 계통운영의 효율성과 비용의 최소화하고자 함. 이는 양수발전기를 전력수요의 가격결정에 반영하면 전략적인 기업은 기업의 수익증대를 목적으로 활용할 우려가 존재하기 때문임.

○ 현행 전력시장은 발전비용평가, 전력수요예측, 발전입찰, 가격결정 발전계획수립, 계통한계가격 결정, 운영발전계획의 수립, 실시간 급전운영, 계량 및 정산의 순서로 이루어짐.

- 우리나라 전력시장의 가장 큰 특징은 변동비반영시장으로 발전기의 입찰가격이 아닌 발전기의 실제 변동비에 의해서 시장가격이 결정된다는 특징을 내포하고 있음.

- 그러나 발전기의 실제변동비를 실시간적으로 정확하게 파악하는 것이 불가능하기 때문에 비용평가위원회에서 각 발전기의 변동비 요소를 평가하여 이를 반영함.

- 〈그림 Ⅶ-2〉은 전력시장의 거래절차를 나타냄.

- 발전입찰은 거래 전일 10시까지 이루어지며, 현 변동이 반영시장의 입찰에서는 각 시간대별도 발전기별 공급가능용량이 제시되며 입찰가격은 포함되지 않는 특징이 있음.

- 전력수요예측은 전력거래소에서 거래일 하루 전에 시행하며, 발전입찰과는 독립적으로 거래일에 대해서 1시간 단위로 수요예측을 시행함.

- 가격결정발전계획은 수요예측과 발전기별 비용자료 및 입찰자료를 바탕으로 해서 전력수요를 최소의 비용으로 충족시킬 수 있도록 수립함.

- 계통한계가격의 결정은 가격결정발전계획을 바탕으로 각 시간대별 단기한계비용으로 결정하며, 이는 거래전일 오후 3시 이전에 발표됨. 계통한계가격이 결정된 이후에 이를 바탕으로 양수발전소는 양수발전계획을 수립하며 이를 거래 전일인 오후 4시 이전에 전력거래소에 제시함.

- 운영계획발전은 거래일에 실제로 전력계통을 위한 발전계획으로 양수발전, 송전제약, 연료제약 등의 계통운영과 관련된 각종 제약조건을 반영하여 최소비용으로 전력수요를 충족하기 위해서 수립됨.

- 이렇게 수립된 운영발전계획을 기초로 거래당일에는 실시간 급전운영이 이루어지며, 또한 계통운영결과에 따라서 운전된 각 발전기별 발전량은 실시간으로 측정되고, 이러한 측정치에 따라서 해당 시간대별 시장가격이 결정되며, 이는 거래대금으로 정산됨.

〈그림 Ⅶ-2〉 우리나라 전력시장 거래절차

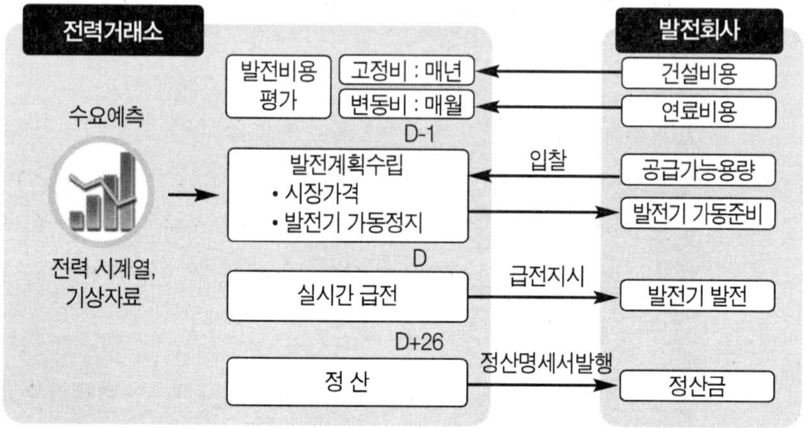

우리나라 전력시장 운영의 규제체계

○ 우리나라의 전력시장의 규제기관으로는 전기위원회가 존재함.

- 전기위원회는 9인 이내의 위원으로 구성되며 법적 · 제도적 장치를 마련하여 전기사업자가 전력시장에서 공정하게 경쟁하기 위한 환경을 조성하고 전력시장의 기능이 올바르게 작동하고 있는지를 감시하기 위하여 2001년 4월에 설립됨.

- 전기위원회는 전기사업이 정상적으로 작동하고 있는지에 관한 기준과 규칙을 결정하고 그 사업자들이 이러한 규칙을 올바르게 이행하고 있는지를 심의하는 기능을 수행함.

- 또한, 전기사업자간 또는 전기소비자간에 전기사업과 관련된 분쟁이 생겨서 이를 해결하기 어려운 경우에 그 분쟁을 조정하고 전기사업자 간에 불공정한 행위를 감시하는 기능도 수행하며, 위법행위에 대해서는 그 사실을 조사하기도 함.

○ 전력시장의 감시기구로는 전력시장감시위원회가 있음.

– 전력시장의 감시활동은 정부 규제기관의 활동과 긴밀히 연계되어 있으며, 이러한 활동은 특히 민간사업자의 시장참여가 확대되고 있는 시점에서 더욱 중요해지고 있음.

– 전력시장의 감시위원회는 위원장을 포함한 7인 이내의 위원으로 구성되며 전기위원회에서 사무국장을 맡으며 전력거래소 시장분석팀에서 이를 지원함.

○ 전력시장의 운영협의체로는 규칙개정위원회, 비용평가위원회 그리고 정보공개위원회가 있음.

– 전력시장의 운영협의체는 전력시장의 운영과 관련된 사안에 대해서 이해당사자, 정부기관 및 전문가들이 의견을 조율하고 심의 · 의결하는 기구를 의미함.

– 이중에서 먼저 규칙개정위원회는 전력거래소의 대표적인 협의체로서 전력시장운영규칙을 개정하고 심의하고 의결하는 기구이며, 위원장을 포함하여 9명의 위원으로 구성됨.

– 비용평가위원회는 변동비반영시장으로서 각 발전기의 변동비를 고려하여 산정된 발전비용이 비용이 공정하고 투명하기 위하여 설립되었으며, 8인의 위원으로 구성됨.

– 정보공개위원회는 전력시장에 관한 정보를 시의적절하게 공개하고 효율적으로 관리하기 위해서 필요한 사항을 심의하고 의결하기 위해서 설립되었으며, 8인의 위원으로 구성되어 있음.

– 마지막으로 분쟁조절위원회는 전력시장의 운영과 전력계통운영

중에 발생한 각종 분쟁을 해결하기 위한 기구이며 법학, 전기공학, 회계학, 경제학 및 IT 전문가 등의 24명의 전문가로 구성되어 있음.

2. 전력시장의 주요 이슈: 구조개편[12]

본 절에서는 먼저 구조개편과 관련된 기존의 논란에 대해서 찬성론과 반대론의 입장을 분석하고자 함.

가격 안정성에 대한 논란 분석

○ 구조개편이 전력가격에 미치는 효과는 구조개편 관련 논란의 핵심임.

- 찬성론자들은 우리나라의 전력가격이 낮은 것은 경쟁으로 인해서 가격이 낮은 것이 아니고 정부의 가격규제로 인한 것이므로 산업의 경쟁력에 오히려 마이너스요인으로 작용할 수 있다고 주장함.
- 반면, 구조개편 반대론자들은 우리나라의 전력가격은 선진국들에 비해서 매우 낮은 수준이므로 경쟁의 도입이 전력가격을 더 이상 낮출 유인은 존재할 가능성이 매우 낮다고 주장함.

○ 그러나 실제로 구조개편 관련 논란의 핵심은 이러한 가격인하의 효과보다는 가격인상의 가능성이 중요함.

---

12 본절의 내용은 한국전력공사의 「정량적 분석기법을 이용한 전력산업 모델연구」의 내용에 기반을 두고 있음.

- 구조개편 찬성론자들은 독점체제에서 경쟁을 도입하는 과도기적인 현상으로서 단기적인 가격의 상승의 여지는 있을 수 있으나 장기적으로는 경쟁으로 인해 전력의 가격이 하락할 것이라고 주장함.

- 이는 시장의 보이지 않는 손이 작용함으로써 각 발전회사들은 최선의 연료의 혼합(fuel mix)을 사용해서 생산비용을 최소화하려고 노력할 것이기 때문에 장기적으로는 전력가격은 생산비용에 근접해 갈 것이라고 주장함.

- 이는 전력산업에 경쟁을 도입하게 되면 비용절감이 가능하다고 믿기 때문임.

○ 반면 구조개편의 반대론자들은 경쟁을 도입하면 전력가격의 인상은 불가피 하다고 주장함.

- 과거 구조개편 이전에는 각 발전기별 원가에 적정이윤을 가산하는 평균비용 방식이었음

- 하지만, 구조개편 이후 도입한 CBP 가격체계에서는 한계가격 방식을 도입하였으나, 발전원별로 이원화된 가격체계(기저상한가격, 계통한계가격)를 운영함으로써 인위적으로 가격상승 요인을 억제하고 있음.

- 하지만, 경쟁을 확대하여 도매경쟁시장을 도입할 경우 단일 한계비용 방식에 의해 최종적인 전력수요를 충족시키는 발전소의 비용을 모든 발전기에 적용하기 때문에 연료의 대부분을 수입하고 발전원별 원가 차이가 큰 우리나라에서는 결과적으로 경쟁원리가 작동하지 않고 전력가격 상승이 불가피해짐.

구조개편이 공급의 안정성에 미치는 영향에 논란

○ 구조개편을 반대하는 전문가들은 수직적인 독점체제 하의 공기업이 안정적인 전력공급을 위해서는 여러 가지 측면에서 장점이 있다고 주장함.

- 이는 발전과 배전부문의 경쟁체제하에서는 기업들이 이윤을 극대화하기 위해서 장기적인 관점의 투자보다는 단기적인 이윤극대화에 노력할 것이기 때문임.

- 또한 운영효율 및 전기품질과 관련해서는 구조개편을 반대하는 이들은 한국전력은 이미 세계적인 수준에 도달했다는 점을 강조함.

    - 운영효율을 측정하는 지표로서 자주 인용되는 송배전 손실률을 보면 한국전력은 4%대로서 5%대인 일본이나 대만에 비해서 낮은 수준이며, 공급품질을 대표하는 정전시간에서 한전은 18분대로서 일본과 유사하고, 대만 또는 프랑스 보다는 월등히 우수함.

    - 더불어서 발전과 배전을 분리하는 것은 네트워크 산업의 특성상 부문 간의 협력을 어렵게 함으로써 비효율이 초래될 수 있다고 주장함.

○ 구조개편을 찬성하는 전문가들은 경쟁을 도입하게 되면 기존에 비해서 전력수급이 보다 효율적으로 맞추어지게 될 것이라고 주장함.

- 이들은 이윤을 추구하는 시장구조 하에서 경쟁원리에 의해 보다 적절한 수준의 투자가 이루어지게 될 것이고 이는 궁극적으로 전력 공급의 안정성을 가져올 것이라고 믿기 때문임.

– 더불어서 전기품질과 관련해서는 경쟁체제 하에서는 전력의 품질이 보다 개선될 여지가 있다고 지적함.

투자재원 조달에 대한 논란

○ 우리나라의 전력수요량은 지난 10년간 외환위기 기간을 제외하면 매우 빠른 속도로 증가하고 있기 때문에 전력공급의 안정성을 확보하기 위한 투자재원 조달문제는 구조개편의 핵심쟁점 중의 하나임.

○ 구조개편을 찬성하는 전문가들은 경쟁을 도입하게 되면 기존에비해서 투자재원 조달이 보다 효율적으로 이루어지게 될 것이라고 주장함.

– 구조개편 찬성론자들은 기업재원 조달과 프로젝트 재원조달의 두 가지 형태의 재원조달이 가능하기 때문에 보다 효율적인 전력수급 계획이 세워질 것이라고 주장함.

• 즉, 기업의 투자재원 조달은 한국전력과 같은 대규모 회사의 경우 신용에 의해서 재원조달이 가능하지만, 프로젝트 금융 등 선진금융기법을 적절히 활용할 경우에도 효율적인 재원조달이 가능함. 즉 프로젝트가 이윤이 남을 것이라고 예상되면 국내외의 투자자들이 경쟁적으로 투자를 할 것이라고 주장함.

• 따라서 구조개편 하에서도 효율적 투자재원 확보 문제는 투자의 이윤이 보장되는 한 크게 문제가 되지 않을 것이라고 주장함.

○ 반면에, 구조개편을 반대하는 전문가들은 현재의 한국전력에 의한 대규모 설비투자가 더 경제적이라고 주장함.

- 이는 한국전력은 이미 구조개편을 전후하여 부채비율이 크게 향상되었을 뿐만 아니라 투자재원 조달을 상대적으로 저리로 받을 수 있기 때문에 분할된 체제에 비해 유리하기 때문임.

수출경쟁력에 대한 논란 분석

○ 구조개편 찬성론자들은 수직적으로 통합된 구조를 분리해서 경쟁을 도입하면 전력산업의 수출경쟁력을 더욱 끌어올릴 수 있을 것이라고 주장함.

- 즉 발전부문과 배전부문을 분할해서 경쟁 체제를 갖추게 되면 한전의 독점체제를 해소함으로써 여타 사업자들의 경쟁력을 제고하는 한편 한전 주도의 단기 컨소시엄 방식 대외진출도 가능해진다는 것임.
- 더불어서 각 발전회사와 배전회사들은 해외의 회사들과 경쟁을 하기 위해서 전략적으로 협력체제를 갖출 수도 있다고 주장함.

○ 구조개편 반대론자들은 수직적인 독점체제 하에서 보다 경쟁력을 갖출 수 있다는 점을 강조하고 있음.

- 한국전력은 그동안 브랜드파워 측면에서 경쟁력을 갖추어 왔고 인적 능력과 마케팅 등 여러 가지 측면에서 외국회사들과 동등하게 경쟁할 수 있는 능력을 갖추고 있다고 주장함.
- 특히, 동북아 지역에서 통합된 전력망을 구축함에 있어서 일본의

동경전력과 같은 대규모 전력회사들과 경쟁해서 주도권을 확보하기 위해서는 어느 정도의 규모의 경제를 갖춘 한국전력과 같은 거대기업이 절실히 필요하다고 주장함.

- 더불어서 그동안 동남아나 중동지역에서 성공적으로 사업을 수행하여 왔다는 점도 중요하다고 지적함.
- 이러한 측면에서 볼 때에 경쟁을 도입한다는 취지로 기업의 규모를 축소하는 것은 적어도 수출경쟁력의 측면에서 볼 때에는 바람직하지 않다고 주장함.

산업의 효율성에 대한 분석

○ 구조개편을 찬성하는 사람들은 수직적 통합형태의 전력산업이 공기업으로 유지되면 자본을 과다사용하게 되는 문제가 발생할 수 있다고 주장함.

- 이는 공기업인 발전회사가 적정수준에 비해서 자본을 과다사용하게 되는 현상이 존재할 수 있음을 의미함.
- 다른 한편으로는 정부가 시장에 개입하여 직접적으로 가격을 규제하고 보조금을 지급하게 되면 이는 결과적으로 시장구조를 왜곡하게 되는 부작용을 발생시킬 수 있기 때문임.

○ 한편 구조개편을 반대하는 입장에서는 산업의 효율성은 공기업에 대한 규제를 시장규제로 전환하여도 증가되기 어렵다고 주장함.

- 이는 전력산업의 특성상 가격에 대해서 소비가 비탄력적이기 때문에 발전회사들이 이러한 특성을 이용하여 시장지배력을 행사할

우려가 존재하기 때문임.

- 실제로 캘리포니아 주에서는 발전부분에 경쟁을 도입한 이후 전력도매가격을 통제하지 못함으로 해서 도매가격이 급등한 사례가 있는데 구조개편 반대론자들은 이를 특히 주목할 필요가 있다고 지적함.

전력산업 구조개편 관련 기존의 연구

○ 경제학적으로 보면 일반적으로 경쟁의 도입은 비용을 절감하고 새로운 기술을 채택하도록 유도함으로써 생산성 향상을 유도하는 것으로 알려져 있음(Laffont and Tirole, 1993).

○ 실증적 연구결과에 따르면 구조개편은 대부분의 산업에 보다 경쟁적인 환경을 조성함으로써 효율성의 향상을 가져온 것으로 알려져 있음.

○ Olley and Pakes(1996)는 미국의 통신산업은 1984년 구조개편 이후에 생산성의 향상이 일어났다고 주장함.

- 1974년~1987년의 통신산업의 자료를 가지고 분석한 결과에 의하면 구조개편이 일어난 1984년 이후에 통신산업 전체의 생산성이 증가하여 구조개편의 당위성을 주장함.
- 이러한 생산성의 향상은 주로 비싼 공장에서 생산되던 제품이 구조개편 이후에 보다 싼 공장에서 생산되어 생산원가가 절감됨에 의해서 일어난 것으로 분석함.

○ Galdon-Sanchez and Schmitz(2002)는 미국 철광석 산업을 분석한 결과, 1980년대 초의 경쟁압력이 노동생산성 향상에 중요한 역할을 하였다고 주장함.

- 구체적으로 이들은 미국 근로자들의 생산성이 경쟁압력이 증가함에 따라서 50%~100%정도 증가한 것으로 추정하였으나, 비경쟁적인 환경에서는 노동생산성의 변화가 거의 없는 것으로 분석하였음.

구조개편이 전력산업의 효율성 변화에 미친 영향을 분석한 논문은 소수만 존재함.

○ Newberry and Pollitt(1997)은 비용편익분석을 통해서, 1990년의 영국 Central Electric Generating Board의 구조개편이 미미한 효율성 향상을 가져온 것으로 분석함.

- 그러나 효율성 향상으로 인한 이익은 대부분 생산자와 지분 소유자에게 귀속되고 정부나 소비자는 효율성 향상으로 인한 혜택을 누리지 못한 것으로 분석함.

○ Fabrizio, Rose and Wolfram(2007)은 요소수요함수의 추정을 통해서 미국의 전력산업을 분석한 결과, 구조개편으로 투자자소유의 민간전력회사들의 효율성이 증대된 것으로 분석하였음.

- 계량분석결과에 의하면 구조개편이 일어난 주에 위치한 투자자 소유의 민간전력회사는 구조개편이 일어나지 않은 주에 위치한 민간회사에 비해서 운영비용(연료비를 제외)을 5% 정도 더 절감

하고 인원을 5% 정도 더 감축한 것으로 나타남.

- 이러한 결과는 공기업 형태의 전력회사들과 비교할 때에는 비용 절감효과가 더욱 큰 것으로 나타났음.
- 반면에 연료사용의 효율성 증가는 구조개편 전과 이후에 큰 변화가 없는 것으로 분석되었음.

○ Zhang(2007)은 1992년에서 1998년 사이에 미국 73개의 투자자 소유의 원자력발전소의 자료를 사용하여 구조개편과 효율성 사이에 양의 상관관계가 존재하는 것을 발견하였음.

- 구체적으로 원자력발전소들은 구조개편이 된 주에서 구조개편이 일어나지 않은 주에 비해서 설비이용률(capacity factor)이 약 5.7%에서 9.1%로 증가한 것으로 추정하였음.

○ 반면에 구조개편이 전력소매 가격의 하락으로 이어져 소비자의 후생을 증대시켰는지에 대한 분석결과는 서로 상반된 견해를 보이고 있음.

- Apt(2005)는 미국 내에서 구조개편 이전과 이후의 산업용 전기요금가격을 비교분석한 결과 구조개편이 이루어진 주는 평균적으로 1.4%의 전기요금이 인상되었다고 주장하나, 구조개편이 이루어지지 않은 주는 평균적으로 1.0%의 가격 인상이 이루어졌다고 주장함.
    - 즉, 구조개편이 이루어진 주에서 오히려 전기요금의 인상폭이 컸다고 주장함.

– 반면에 컨설팅회사인 Cambridge Energy Research Associates가 구조개편이 이루어진 이후의 실제가격과 이루어지지 않았을 경우의 가상가격을 분석한 2005년도 연구에 따르면 구조개편으로 인해서 미국의 소비자들은 340억 달러의 전기요금을 절감한 것으로 분석되었음.

- 구체적으로 구조개편이 이루어진 주의 실제가격은 가상가격보다 더 낮은 것으로 분석되었고 이는 소비자의 후생의 증대와 연결되었다고 주장함.

구조개편의 효과분석: 쿠르노(Cournot)–내쉬(Nash) 과점모형

○ 우리나라 전력시장 구조개편의 시나리오의 분석을 위해서는 쿠르노–내쉬모형을 사용하여 분석할 수 있을 것임.[13]

– 전략적 기업들(strategic firms)은 발전량을 결정변수로 활용하면서 쿠르노 가정에 따라서 이윤을 극대화하고자 하는 것으로 가정하고, 전력소매가격과 전력소매량이 고정되어 있음을 가정함.

$$\frac{d\pi_{i,t}}{dq_{i,t}} = p_t^w(q_{i,i}, q_{-i,t}) + [q_{i,t} - q^r_{i,t}] \cdot \frac{dp_t^w}{dq_{i,t}} - C'_{i,t}(q_{i,t}) \geq 0$$

13 쿠르노 모형은 전력산업을 분석하기 위해서 광범위하게 사용되어 왔음. 즉, Jin-Yuan and Smeers(1999), Borenstein, Bushnell and Wolak(2002), Willems(2002), Hobbs, Rijkers, and Boots(2005), Puller(2006), Kim and Knittel(2006), Bushnell, Mansur and Saravia(2007), Hobbs and Pang(2007) 등을 참조할 수 있음.

- 여기서 $q_{-i,t}$와 $q^r_{i,t}$은 기업 i를 제외한 다른 기업의 발전량과 i기업의 소매전력량을 의미하며, p^w_t와 $p^r_{i,t}$은 각각 도매가격과 소매가격을 의미함.

- 기업 i의 소매계약 조건은 위의 일차미분 조건에서 중요한 역할을 함을 볼 수 있음.

  • 즉, 위의 식에서 장기구매계약 전력량이 실제 생산량에 접근할수록 도매가격은 한계비용에 가까워짐을 볼 수 있음.

○ 본 연구에서는 이러한 분석틀을 사용하여 다양한 형태의 시장구조에 대해서 시뮬레이션 분석을 하려고 함.

- 기업이 민영화되었을 때에는 이윤을 극대화하기 하며 쿠르노 경쟁을 한다고 가정함.

  • 쿠르노 모형에 대해서는 각 기업은 이윤극대화 조건을 따른다고 가정함.

- 한국전력의 자회사의 형태, 즉 정부의 소유의 기업은 가격을 받아들이는, 즉 완전경쟁 상태에 가까운 경쟁을 하는 것으로 가정함. 즉,

$$p^W_t(q_{i,t}, q_{-i}, t) - C'_{i,t}(q_{i,t}) \geq 0$$

- 한편 전력도매가격은 기업의 잔여수요함수(residual demand function)에 의해서 결정되는 것으로 가정함.

  • 즉 잔여수요함수는 시장의 총수요($\overline{Q_t}$)에서 시장지배력 행사

가 극히 제한적인 잔여공급량, $q_t^{fringe}(p_t^w)$을 제외한 양으로 표시됨. 즉,

$$Q_t(p_t^w) = \overline{Q_t} - q_t^{fringe}(p_t^w)$$

공급함수 모형과의 비교

○ 본 연구에서는 가상적 시나리오와 입수가능 한 데이터를 사용하여 위의 분석모형 중에 가장 본 연구의 목적과 부합되는 쿠르노-내쉬 과점모형을 사용하여 시뮬레이션을 시행하려고 함.

○ 시뮬레이션 분석을 위해서는 전력시장에서 가장 널리 사용되는 쿠르노-내쉬 모형이 가장 적합한 모형인 것으로 판단됨.

- 실제로 이 모형은 Andersson and Bergman(1995), Cardell, Hitt, and Hogan(1999), and Garcia and Arbelaez(2002), Borenstein, Bushnell and Wolak(2002), Bushnell, Mansur and Saravia(2007) 등에서 전력산업 분석을 위해서 사용하였음.

○ 본 연구에서는 쿠르노-내쉬 균형모형을 사용하려고 하지만, 다른 균형모형을 고려하는 것도 필요함.

○ 실제로 쿠르노 모형과 함께 전력산업에 광범위하게 적용된 모형은 공급함수모형임.

- 공급함수모형의 장점은 실제의 전력시장에서 발전회사의 행동과 유사한 장점이 있음.

- 더불어서 공급함수 모형은 쿠르노 모형보다 경쟁적인 결과를 도출해내는 장점이 있음.

- 그러나 실제 전력시장에서는 발전회사는 공급물량만을 거래소에 제출하는 것이 아니라 발전과 관련된 여러 가지 관련제반 정보를 제출함에도 불구하고, 공급함수 모형은 이러한 정보를 반영하지 못함.

- 더불어서 공급함수모형은 한 개의 균형이 아니라 복수의 균형점을 가지는 특징을 산출하는 문제점을 가지고 있음.

○ 〈그림 Ⅶ-3〉은 공급함수 균형의 경계를 나타내고 있음.

- 공급함수 균형에서는 최소수요(D_{min})와 최대수요(D_{max})를 가정하고 경쟁적인 공급가격과 쿠르노 균형점 사이에서 최적균형점이 도출되는 것으로 알려져 있음.

〈그림 Ⅶ-3〉 공급함수 균형의 상한과 하한

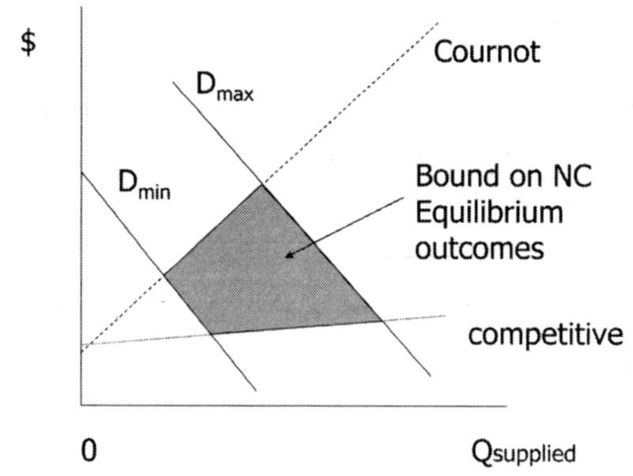

- 따라서 쿠르노 균형점을 상한점으로 생각할 수 있기 때문에 본 연구에서는 쿠르노 모형을 사용하여 가상적 시나리오를 분석하려고 함.

- 즉 시장가격이 변화할 수 있는 상한선을 제시하고 이를 완화할 수 있는 방안을 제시하는 것은 유용할 것으로 판단됨.

○ 시장효율성 증대를 위해 널리 사용되는 것은 규제금융계약(vesting contract)임.

- 아래 〈그림 Ⅶ-4〉는 공급함수 균형의 경계를 나타내고 있음.

- 규제금융계약 하에서 발전회사는 시장지배력을 행사해 가격을 인상시킬 유인이 규제금융계약이 없을 때에 비해서 적은 것을 볼 수 있음.

  • 즉 발전회사는 규제금융계약을 초과한 양에 대해서만 현물시장의 가격을 보상받기 때문에 가격인상에 대한 유인이 줄어듦.

  • 반면 완전경쟁시장에서는 기업은 시장가격을 한계가격에 맞추어서 입찰하기 때문에 규제금융계약에 의해서 영향을 받지 않은 것을 볼 수 있음.

〈그림 Ⅶ-4〉 규제금융계약의 효과

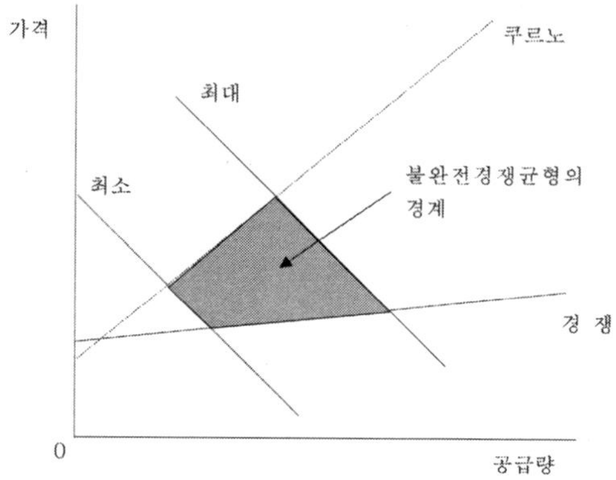

○ 아래 〈그림 Ⅶ-5〉는 규제금융효과의 극단적인 경우를 나타냄.

- 쿠르노 기업이 만약 자신의 공급량보다 많은 양에 대한 규제금융계약을 체결한다면 가격을 인하시킬 유인을 가지고 있음을 보여줌.

- 이는 자신의 공급량보다 많은 양을 공급해야 하므로 가격을 인하하는 것이 기업의 이윤극대화에 도움이 되기 때문임.

- 즉 아래 그림을 보면 일부 물량가격이 경쟁적인 가격수준보다 아래에 위치하는 것을 볼 수 있음.

〈그림 Ⅶ-5〉 규제금융계약의 효과 (자신의 공급물량을 초과)

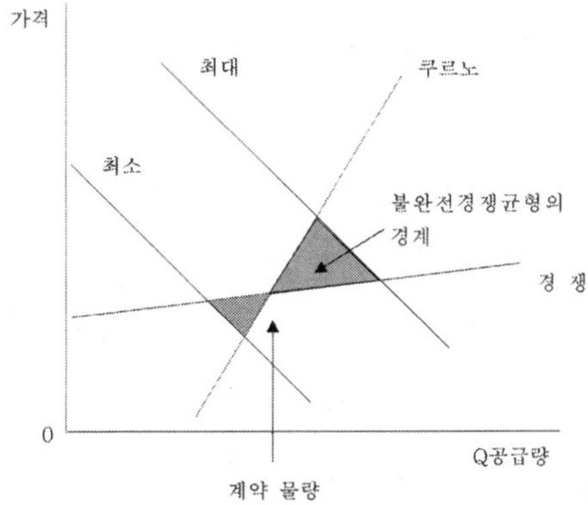

행위자 기반 모형과의 비교

○ 전력시장의 시뮬레이션을 위해서 사용되는 또 다른 접근방법으로는 행위자 기반 모형이 있음.

○ 행위자 기반 모형과 쿠르노-내쉬 모형은 기본적으로 개별기업의 특정한 결정법칙(decision result)을 따른다는 점에서 일맥상통한 공통점을 가지고 있음.

- 행위자 기반 모형의 장점은 기업이 최적의 의사결정을 내리는 것을 가정하지 않기 때문에 분석이 용이하며 함수형태나 시장 구조에 대한 가정이 보다 유연할 수 있는 장점이 존재함.

○ 그러나 행위자 기반모형은 쿠르노-내쉬 모형이 기업이 이윤을 극대화하기 위해 결정한다는 경제학적인 의사결정을 하는 것과 달리, 기업의 의사결정이 분석자의 주관에 따라서 임의적으로 행해질 수 있

는 단점이 있음.

- 즉 행위자 기반 모형의 시뮬레이션 과정에서는 기업의 의사결정 과정이 수시로 변화하며 주관이 개입될 가능성이 존재함.

○ 이에 반해 쿠르노-내쉬모형은 기업의 목적은 이윤극대화에 있다는 경제이론에 근거하여, 기업이 실제로 이윤을 극대화하기 위한 행위를 분석하는 데에 목적이 있음.

- 실제로 쿠르노-내쉬 모형은 전력산업의 분석에 광범위하게 사용되어 왔으며 대표적인 논문으로는 Borenstein, Bushnell and Wolak(2002), Puller(2006), Kim and Knittel(2006), Bushnell, Mansur and Saravia(2007) 등을 참조할 수 있음.

3. 전력시장의 주요 이슈: 시장감시[14]

원가반영 경쟁시장에서도 시장감시의 역할은 중요

○ 첫째는, 전력시장의 다양하고 복잡한 데이터를 체계적으로 수립하는 역할이 필요함.

- 이는 전력시장참여자에게 시장의 성과에 대한 가치 있는 정보를 제공하는 역할을 할 것이며, 전력시장에 관한 다양한 정보는 시장의 복잡한 규칙, 시장구조 및 각종 유인규제(incentive regula-

---

14 본절의 내용은 "우리나라 전력시장의 시장지배력측정에 관한 연구"의 논문에 기반을 두고 있음.

tion)가 전력시장의 도매가격과 시장의 효율적 운영에 미치는 영향을 평가하기 위해서 매우 유용하게 사용될 수 있음.

- 또한, 전력시장에 관한 각종 정보는 정부가 시장규칙, 시장구조 및 규제형태를 좀 더 효율적으로 변경하고자 할 때에도 유용한 정보를 제공하는 역할을 수행함.

○ 두 번째는, 시장에서 기업이 바람직하지 못한 행동을 할 때에 이를 포착하고 제어할 수 있는 기능을 함.

- 이러한 기능은 구체적으로 기업이 시장규칙을 위반하거나 또는 바람직하지 못한 전략적인 행동을 할 때에 법적인 규제를 통해서 실제로 제재조치를 취할 수 있는 기능을 의미함.

- 일반적으로 시장지배력완화(market power mitigation)는 실시간시장(real-time market) 혹은 하루 전 시장(day-ahead market)에서 발생하는 것으로 알려져 있음.

- 이는 단기간의 시장에서는 기업이 임계치(threshold)를 벗어난 가격을 제시하고, 이러한 가격이 시장 전체의 가격에 미치는 영향이 적지 않을 경우에 정부는 시장지배력 완화조치를 취할 수 있음.

- 그러나 정부의 시장개입은 좀 더 중장기적으로 일어날 수도 있음.

  • 가령, 규제기관의 각종 시장감시지표를 분석한 결과 현재의 설비용량이나 발전되고 있는 전력량이 미래의 전력수요 예상량을 충족하지 못할 것으로 나타났다고 가정하면, 이와 같은 긴급한 상황에는 규제기관이 시장에 개입하여 부족한 전력량을 보충해야 함.

- 따라서, 정부의 시장개입은 단기적 또는 중장기적으로 발생할 수 있으며, 이는 시장지배력 완화는 정부가 시장원리에 의해서 의사결정 과정에 정부가 개입하는 것을 의미함.
- 그러나 이는 효율성의 측면에서 바라보면 논란의 소지가 존재함. 즉, 정부의 개입이 기업의 시장지배력 완화를 통한 효율성의 제고라는 긍정적인 측면과 정부의 개입으로 인한 기업의 발전비용 절감노력의 감소라는 부정적인 측면이 공존하기 때문임.

○ 세 번째는 시장참여자에게 투명성(transparency)을 제공하는 역할임.

- 전력시장은 발전 · 송전 · 배전이 매우 복잡하게 설계되어 있으며, 시장에서의 규제도 매우 광범위하며, 이러한 복잡성 때문에 전력시장의 운영에 관한 방대한 양의 데이터가 존재함.
- 따라서, 이러한 데이터를 용도에 맞게 분류하고 각종 요약통계를 시장참여자들에게 시의성 있게 제공하는 전력시장 감시기관의 역할은 실제로 매우 중요함.
- 실제로 시장지배력은 정부가 기업의 전략적인 행동을 올바르게 포착하지 못하기 때문에 발생하고, 이는 상당부분 정보의 부재에서 기인한다고 볼 수 있기 때문에, 정부에 의한 시의적절하고 투명한 정보공개는 시장지배력의 상당부분을 제어하는 역할을 할 것임.

시장감시지표로서의 러너지수

○ 러너지수를 측정하기 위해서 가장 중요한 것은 한계비용을 올바르게 추정하는 것임.

- 이를 위해서 경쟁시장에서 존재하는 가상적인 가격을 추정하고 이를 발전회사의 한계비용으로 가정함. 즉, 즉 전력시장이 매우 경쟁적인 경우에 나타날 수 있는 시장가격을 한계비용으로 정의하고 이를 러너지수에 사용되는 한계비용으로 사용함.

○ 구체적으로 아래와 같이 전력도매가격의 범위는 발전소의 생산량과 자신을 제외한 발전량의 함수로 정의할 수 있음.

- 또한, 이 값에서 차감되는 한계비용은 발전량의 함수로 정의되고, 두 값의 차이는 0보다 작지 않은 값을 가지는 것으로 가정함.

$$p_t^w(q_{i,t}, q_{-i,t}) - C_{i,t}^{'}(q_{i,t}) \geq 0$$

- 위와 같이 정의되는 전력도매가격의 범위에서 가상적인 전력도매가격은 발전기의 잔여수요함수(residual demand function)와 한계비용함수의 교차점에 의해서 결정되는 것으로 가정함.

- 발전소의 잔여수요함수는 시장의 총수요($\overline{Q_t}$)에서 시장지배력 행사가 극히 제한적인 공급량(즉 총 발전량에서 발전 자회사의 공급량을 차감한 수량)인 $q_t^{fringe}(p_t^w)$를 제외한 양으로 표시하며, 이를 수식으로 나타내면 다음과 같음.

$$Q_t(p_t^w) = \overline{Q_t} - q_t^{fringe}(p_t^w)$$

– 이와 함께 러너지수 개발에 있어서 매우 중요하나 자주 간과되는 것은 한계비용을 추정함에 있어서 발전기의 고장정지율을 고려하는 것임.

– 또한, 한계비용을 추정하기 위해서는 먼저 전력생산의 형태를 구분하는 것이 중요하며, 이를 위해서 크게 세 가지 형태인 수력, 원자력 발전 및 화력발전으로 구분함.

• 이는 수력발전은 항상 발전을 할 때에 자신의 발전비용보다 큰 기회비용을 가지고 있으며, 원자력 발전은 정부의 규제에 의해서 항상 최대한의 양을 발전하도록 되어 있음.

• 따라서 이러한 형태의 발전기는 시장지배력을 행사할 유인이 작을 것으로 가정하는 반면에, 화력발전소는 5개의 발전 자회사와 민간발전회사가 소유하고 있으며 이들 기업들은 시장지배력을 행사할 유인을 가지고 있는 것으로 가정함.

– 본 연구에서는 이러한 화력발전소의 한계비용을 추정함에 있어서 고장정지율을 반영하여 추정하고자 함.

• 이를 위해 먼저 모든 발전기를 한계비용이 작은 순서대로 정렬하고 발전가능한 용량에서 (1–고장정지율)을 차감한 값을 한계비용 추정에 사용함. 이렇게 추정된 한계비용을 작은 순서대로 나열하면 계단식(step–wise) 생산함수를 구성할 수 있음.[15]

– 마지막으로 한계비용을 계산하기 위해서 먼저 각 발전기별로 연료비에 바탕을 둔 2차함수의 발전비용함수를 산정하고, 이러한

---

15 구체적으로 수력이나 양수의 한계비용은 가장 낮은 수준에서 형성되며, 그 다음으로는 원자력, 석탄, LNG, 중유발전기의 순으로 산출이 가능함.

비용함수에 기동비용과 송전손실계수, 그리고 혼잡완화계수 등을 고려하여 비용을 산출. 즉, 송전손실계수(TLF)와 혼잡완화계수(IMF)를 모두 고려한 한계비용은 다음과 같이 산출이 가능함.[16]

$$MC_{it} = \frac{(2a_i q_{it} + b_i) + \frac{\Sigma_{t=t_1}^{t_2}(-a_i q_{it}^2 + c_i) + S_{t_1}}{\Sigma_{t=t_1}^{t_2} q_{it}}}{1-(1-TLF_i)\times IMF}$$

- 이러한 한계비용함수와 잔여수요곡선이 교차하는 점에서 완전경쟁가격이 도출되며, 이를 한계비용을 대신하여 사용함.

- 어떤 주어진 기간인 ø 동안의 조정된 러너지수를 다음과 같이 정의할 수 있음.

$$LernerIndex(\phi) = \frac{\sum_{t\in\phi}(SMP_{px}^t - P_{comp}^t)\times(q_{tot}^t - q_{mt}^t)}{\sum_{t\in\phi} SMP_{px}^t \times (q_{tot}^t - q_{mt}^t)}$$

- 여기서 P_{comp}^t는 t기의 완전경쟁가격을 나타내고, SMP_{px}^t는 t기의 계통한계가격을 표시하며, 발전량 q의 하첨자인 tot는 총 발전량을 의미하고, 하첨자 mt는 전략적으로 행동하지 않는 발전기의 발전량을 나타냄.

16 비용평가위원회에서는 발전기별 성능검사를 통해 다음과 같이 연료비에 따른 2차함수($a_i q_{it}^2 + b_i q_{it} + c_i$)를 가정함. 만약, i 발전기가 t_1에 가동을 시작하여 t_2까지 가동을 하게 되면 이에 따른 기동비용(S_{t_1})이 발생하며, 앞의 2차 비용함수에서 구해진 한계비용인 $q_{it}(2a_i q_{it} + b_i)$만큼 발전량에 대해 보상이 이루어짐. 이러한 비용에 $a_i q_{it}^2 + b_i q_{it} + c_i - q_{it}(2a_i q_{it} + b_i) = -a_i q_{it}^2 + c_i$만큼의 손실이 발생하게 되며, 여기서 t_2와 t_1 사이에 평균손실을 계산하고, 여기에 송전손실계수와 혼잡완화계수를 고려해서 한계비용이 계산됨.

- 이러한 러너지수는 시장점유율이 충분히 커서 전략적으로 행동할 유인이 높은 발전기의 발전량에 가중치를 부여한 값을 나타내며, 이를 조정된 러너지수로 표시함.

Ⅷ. 석유시장의 구조와 주요정책

본 장은 중요한 에너지 시장중의 하나인 석유제품시장을 시장구조와 유통구조의 문제를 중심으로 다루고 있음. 이를 위해서 먼저 석유제품 시장의 유통구조에 대해서 살펴보고 내재되어 있는 문제점에 대해서 논의함. 본 장은 우리나라 석유제품시장의 경쟁력을 강화하기 위해서 최근 시행된 정책을 도매부문과 소매부문 그리고 소비자 부문으로 나누어서 다루고 있음.

1. 석유시장의 유통구조

석유제품 시장에서 공급자는 정유사와 수입사가 있으며, 석유제품을 최종소비자에게 전달하는 도 · 소매상으로는 대리점, 주유소 및 일반판매소가 존재함.

○ 아래 〈그림 Ⅷ-1〉은 석유제품의 유통경로를 나타냄.

- 2007년을 기준으로 정유사는 최종소비자에게 직접 공급하는 물량을 제외한 90.4% 중에서, 45.5%는 대리점에 공급하고, 나머지 44.9%는 각각 주유소(42.8%)와 일반판매소(2.1%)에 공급함.
- 정유사가 대리점에 직접 공급하는 물량과 주유소 또는 일반 판매소에 공급하는 물량은 45.5%와 44.9%로 비슷한 것으로 나타남.
- 대리점은 주유소에 직접 공급하는 물량이 약 39%, 일반판매소에 공급하는 물량은 3.9%이고, 나머지는 소비자에게 직접 공급함.
- 한편, 정유사나 수입사 같은 공급자에서 최종소비자로 직접 판매되는 석유제품은 납사나 B-C유 같은 산업부문의 소비가 대부분이며, 이는 2007년을 기준으로 전체공급량의 약 9.6%를 차지함.

---

17 본 장의 내용은 지식경제부의 「석유산업 미래 비전과 발전전략」의 내용에 기반을 두고 있음.

〈그림 Ⅷ-1〉 석유제품의 유통경로

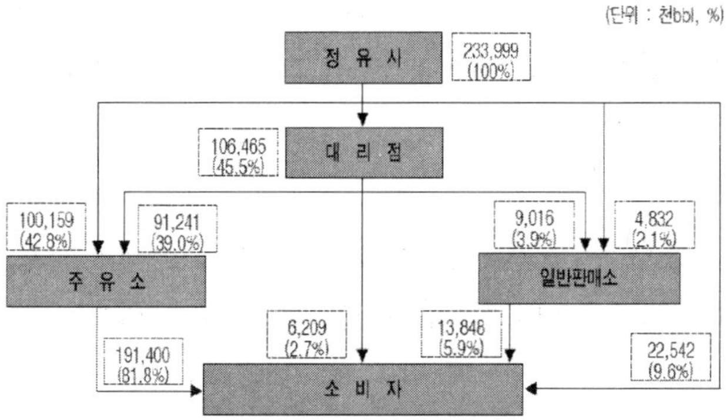

자료: 2007년 석유류 수급통계

○ 우리나라의 정유시장은 SK에너지, GS칼텍스, 현대오일뱅크, S-Oil 등 4개사가 경쟁하고 있는 과점시장임.

- 2008년 기준으로 시장의 CR4는 98.5%이고 HHI는 2,751로서 시장의 집중도가 매우 높음.

- 비록 1997년 석유수출입 자유화로 인해서 석유제품을 수입하여 판매하는 회사들이 늘어나기 시작하였으나, 현재 석유수입사의 시장점유율은 0.5%(2008년 기준)로 매우 작은 수준임.

  • 이는 석유수입사들의 유통망이 정유사에 비해서 취약하기 때문인 것으로 보임.

○ 정유사로부터 석유제품을 공급받는 대리점도 정유사와 배타적거래 관계에 있는 경우가 많음.

- 공정거래위원회의 자료에 의하면, 2007년 기준으로 491개의 대

리점을 통해서 공급되는 물량 중에서 49%는 SK네트워크를 통해서 제품을 공급받고 있으며, 43.1%는 특정정유사의 제품만 공급받고 있는 것으로 나타나, 총 92.1%가 정유사 간에 경쟁 없이 거래가 되고 있는 실정임.

○ 주유소도 마찬가지로 특정정유사의 제품만 판매하는 경우가 많아서 주유소를 상대로 한 정유사간의 경쟁도 미미한 수준인 것으로 나타남.

- 2009년 10월 기준으로 12,807개의 주유소가 영업 중이나 이 중에서 무폴주유소의 형태로 운영되거나 수입석유를 판매하는 주유소는 364개로 전체의 2.9%에 불과함.

- 나머지는 정유사나 대리점이 소유하고 있는 직영주유소이거나 정유사와 배타조건부 거래를 체결하고 있는 주유소이므로, 주유소를 대상으로 한 정유사간의 경쟁은 제한적일 수밖에 없음.

〈그림 Ⅷ-2〉 석유제품의 유통경로

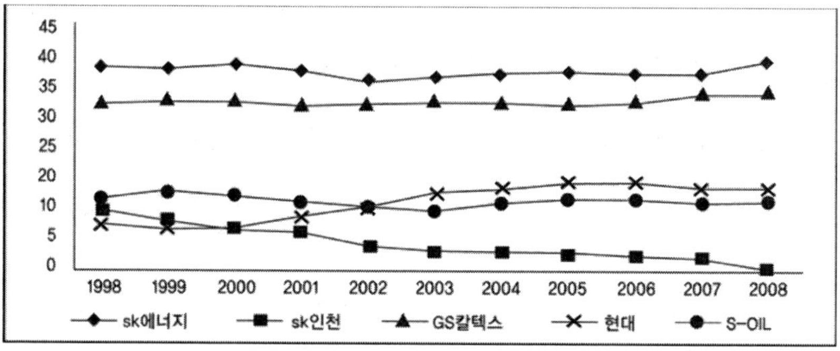

자료: 2009년 에너지 산업 주요통계 (2009년 6월)

2. 우리나라 석유제품시장 유통구조의 문제

배타조건부거래(exclusive dealing)와 사후정산관행

○ 먼저, 배타조건부 거래란 부당하게 거래상대방이 자기 또는 계열회사의 경쟁사업자와 거래하지 아니하는 조건으로 그 거래상대방과 거래하는 행위를 말함.

– 거래상대방에 대하여 자기하고만 거래하고 자기 경쟁자와는 거래하지 않는다는 제한을 가하는 자체가 위법이 되는 것은 아님.[18]

○ 〈표 Ⅷ-1〉은 정유사 또는 대리점과 직접 거래를 하고 있는 주유소의 개수와 비율을 나타내며, 정유사의 배타적 공급거래의 평균은 84.4%로 매우 높은 수준임.

〈표 Ⅷ-1〉 배타적 공급계약 체결 현황과 비중(2008년 4월 기준)

구분	SK	GS	현대	S-OIL	계
정유사 직접거래 자영주유소	3,001	2,350	1,816	1,554	8,721
배타조건계약주유소	2,805	2,248	1,816	494	7,363
배타공급주유소의 비율	93.5	95.7	100	31.8	84.4

자료: 석유산업 경쟁정책 2008 (공정거래위원회)

○ 석유제품시장에서 배타조건부거래란 정유사가 자신의 상표를 사용하는 주유소에 대해서 자사의 제품만을 구매하도록 강요하는 거래를 의미함.

---

18 사업자의 행위가 배타조건부거래에 해당하기 위해서는 첫째, 거래상대방이 자기 또는 계열회사의 경쟁사업자와 거래하지 아니하는 조건으로 그 거래상대방과 거래하여야 하며, 둘째 그러한 행위가 부당할 것 등의 두 가지 요건이 충족되어야 함.

- 참고로 2008년 12월 공정거래위원회는 국내 4대 정유업체들이 주유소들과 거래를 하면서 주유소 소요제품 전량을 특정 정유업체로부터 공급 받도록 하고, 이를 위반할 경우 계약해지나 손해배상 등 제재를 할 수 있도록 하는 내용의 계약을 체결하여 거래하는 행위를 배타조건부거래행위로 인정하고 시정명령을 내린 바 있음.

- 위 사건에서 공정거래위원회는 현재 주유소의 복수상표표시가 허용되기 때문에 특정 정유사의 제품만을 사용하도록 하는 것은 주유소의 자유로운 거래처 선택의 자유를 침해하였고, 정유사들이 각 주유소와 독점계약을 체결하면서 정유사간의 경쟁이 제한되는 결과를 초래하였다고 주장함.

- 즉, 석유제품 수입사 등 잠재적 경쟁사업자들이 국내에서 가장 중요한 유통수단인 주유소를 통한 유통이 봉쇄되어 유통경로 차단효과가 매우 높고, 이로써 잠재적 경쟁사업자들이 시장에서 배제될 우려가 있다는 점을 근거로 부당성을 인정함.

○ 그러나, 이러한 공정거래위원회의 시정조치에도 불구하고 현재까지도 복수폴제도를 활용하고 있는 주유소는 매우 적은 실정임.

- 이처럼 복수폴사인제도가 제대로 정착되지 못하고 있는 주요한 원인은 첫째, 주유소들의 혼합된 휘발유를 사용할 수 있기 위해서는 정유탱크를 새로 설치해야하는 부담이 있기 때문임.

- 다른 요인은 주유소가 국내정유사들과 물량공급 계약을 맺으면서 장기간 자사제품만을 취급하도록 강요를 하고 있기 때문으로 알려져 있음.[19]

○ 한편, 사후정산 관행은 주유소가 정유사로부터 석유제품을 구매할 때에 가격에 대한 정보 없이 제품을 구매하여 사용한 뒤에 일정기간이 지난 후에 가격을 정산하는 행위를 말함.

- 사후정산 관행은 공정거래위원회에 따르면 많은 주유소들이 정유사로부터 이러한 행위를 강요받고 있는 것으로 알려져 있음. 공정위에서 2009년 실시한 설문조사에 의하면, 전체 260개 주유소 중에서 241개의 주유소가 정유사로부터 사후정산을 강요받은 일이 있다고 응답하였음.

- 이러한 사후정산관행은 정유사가 주유소에 대한 지배력을 강화하는 수단으로 악용될 소지가 매우 큰 행위이며, 시장의 공정한 경쟁을 저해하는 행위로 볼 수 있음.

3. 석유제품시장의 경쟁력 강화방안

정유사간의 경쟁강화: 원가공개 및 복수폴제도

○ 우리나라 석유제품 시장은 정유 4사의 시장점유율이 매우 큰 반면에, 수입사의 비중은 매우 낮은 전형적인 과점시장(oligopoly market)임.

- 연도별로 차이는 있으나 국내 석유제품 공급시장에서 SK에너지와 GS칼텍스는 각각 30%와 25%의 비중을 차지하고 있으며, 현대오

---

19 또한, 주유소들이 복수폴제도를 도입하려 해도 정유사들의 압력과 각종 불이익 처분으로 인해서 도입하기 어려운 것으로 알려져 있음. 가령, 일부 국내 정유사들이 주유소들을 상대로 상표 표시대인 폴대를 회수하거나 보너스카드 시스템과 카드제휴 가맹점을 취소하는 등을 들 수 있음.

일뱅크와 S-Oil은 각각 10% 내외의 점유율을 차지하고 있음.

- 반면에, 해외로부터 석유제품을 수입하여 정유사와 함께 대리점이나 주유소에 석유제품을 공급하는 역할을 하는 수입사의 비중은 지속적으로 축소되고 있는 실정임.

  • 특히, 휘발유의 2008년도 수입량은 전무한 실정이며, 전체 석유제품을 포함하는 시장점유율도 LPG의 수입량을 제외하면 극히 낮은 실정임.

○ 국내석유제품 시장에서 정유 4사의 시장지배력은 매우 큰 상황이며, 정유사 간의 공정경쟁을 강화하기 위한 정부의 노력은 중요한 상황임.

- 정유사 간의 경쟁을 강화하기 위해서는 우선, 정유사의 경쟁상대인 수입사의 신규진입을 활성화하는 방법이 있음.

- 그러나 수입사의 경쟁력 강화를 위해서는 수입된 석유제품을 시장에서 유통시킬 수 있어야 하나 시장의 유통구조는 그렇지 않음.

- 즉, 정유소와 주유소간의 배타조건부 거래와 사후정산 관행, 소비자의 브랜드 선호경향 등을 고려할 때에 신규수입사가 시장에 진출하기는 매우 어려운 상황임.

○ 지식경제부는 이에 대한 대안으로서 정유사 간의 경쟁을 강화하기 위해서 석유사업법 시행령 개정안을 입법예고하면서 2009년 5월부터 석유 수출입업체와 석유 부산물 판매업체 등에 대한 판매가격 보고를 의무화함.

- 의무화 이전에는 정유 4사의 평균 판매가격이 한국석유공사를 통해 일주일 단위로 공개하였지만, 정부는 이를 업체별 판매가격으로 변경함.

- 경제학적으로 생산원가 공개의 효과는 긍정적(하향평준화)으로 나타날 수도 있으나, 반대로 부정적(상향평준화)으로 나타날 수도 있으므로 이에 대한 지속적인 관리는 중요함.

○ 정유사의 제품원가 공개의 효과가 긍정적으로 나타나기 위해서 중요한 것은 주유소의 복수폴제도의 활성화임.

- 현재까지도 복수폴제도를 활용하고 있는 주유소는 매우 적은 것으로 나타나 있으며, 이는 주유소의 정유탱크 설치의 부담과 정유사의 압력 때문인 것으로 알려져 있음.

- 주유소의 정유사 선택권을 제한하는 다른 요인은 정유사의 사후정산 관행인 것으로 사료됨.

- 이러한 상황에서 정유사의 원가공개의 효과는 크지 않을 수 있으며, 따라서 정유사의 원가공개의 효과를 극대화하기 위해서는 주유소가 정유사의 제품을 저렴하게 구입할 수 있는 환경 조성이 무엇보다 중요할 것임.

주유소 간의 경쟁강화: 무폴주유소 확대[20]

○ 특정 정유사의 상호를 사용하지 않는 무폴주유소는 다양한 정유사

---

20 본 내용은 김대욱 · 김종호(2010)의 "휘발유 소매시장에서 브랜드와 경쟁에 관한 연구"의 내용에 기반을 두고 있음.

나 석유수입사로부터 유류를 공급받을 수 있기 때문에 일반주유소에 비해 상대적으로 저렴한 가격에 휘발유를 판매할 수 있음.

- 〈표 Ⅷ-2〉는 2009년 10월을 기준으로 주유소의 지역별 현황을 나타내고 있음.
  - 브랜드별로 보면 SK와 GS의 비중이 각각 36%와 28%로 가장 높으며, 현대오일뱅크와 S-Oil은 각각 18%와 16%로 비중이 낮음을 볼 수 있음.
  - 반면에, 무폴주유소와 수입사를 합한 비중은 전체의 2.9%로 매우 낮으며, 지역별로는 전라북도와 전라남도 충청남도와 경기도에 많음을 볼 수 있음.

○ 경제학적으로 보면 만약 소비자가 휘발유 가격에 민감하게 반응한다면, 무폴주유소와 경쟁하는 주유소는 휘발유 가격을 상대적으로 낮을 것임을 예상할 수 있음.

- 그러나, 휘발유 제품에 대한 소비자의 브랜드 선호도가 존재한다면, 무폴주유소의 존재가 경쟁 주유소의 가격에 미치는 영향은 미미할 것이다. 따라서 무폴주유소와의 경쟁이 인근 경쟁 주유소의 휘발유 가격에 미치는 영향을 올바르게 이해하기 위해서는 실증적인 분석이 필요함.[21]

---

21 Hastings(2004)는 이중차분(difference-in-differences) 모형을 사용하여 미국 샌디에고와 LA 지역에서 약 260여개의 주유소의 소유권의 변화가 인근 주유소의 가격변화에 미친 영향을 분석함. 분석결과에 따르면, 독립주유소가 존재하였던 지역에서는 다른 지역에 비해서 경쟁주유소의 가격이 갤런당 5 cents 정도 낮았던 것으로 나타남.

○ 김대욱 · 김종호(2010)는 2008~2009년 동안의 6개월간의 주유소자료를 사용하여, 서울 및 5대 광역시의 휘발유 소매시장에서 브랜드 주유소와 무폴주유소간의 경쟁효과를 분석하였음.

- 〈그림 Ⅷ-3〉은 무폴주유소와 경쟁하는 주유소와 그렇지 않은 주유소의 평균휘발유가격 추이를 나타내고 있음.

- 무폴주유소와의 경쟁 주유소 비경쟁 주유소의 평균휘발유가격 차이는 6~15원이었고, 시간에 관계없이 모두 음의 값을 갖는 것으로 나타나, 무폴주유소와 경쟁하는 주유소의 가격이 보다 저렴한 것으로 분석됨.

- 결과적으로 무폴주유소와 경쟁하는 주유소의 평균휘발유가격이 무폴주유소와 경쟁하지 않는 주유소보다 평균적으로 10원 정도 낮고, 이러한 현상이 분석기간인 6개월 동안 지속되었음을 의미함.

〈표 Ⅷ-2〉 브랜드별 주유소의 현황(2009년 10월 기준)

지역	주유소 상호						계
	SK	GS	현대	S-Oil	SK 인천	무상표+수입	
서울	303	209	89	75	0	7	683
부산	205	140	79	61	0	13	498
대구	151	141	55	88	0	7	442
인천	167	133	60	44	0	5	409
광주	96	95	58	61	0	11	321
대전	96	84	55	43	1	9	288
울산	111	64	61	52	0	5	293
경기	954	728	467	281	39	34	2,503
강원	289	189	153	94	0	7	732
충북	239	196	167	113	0	48	763
충남	348	279	287	171	2	35	1,122
전북	309	267	170	123	0	80	949
전남	281	270	169	168	0	73	961
경북	552	322	238	257	0	30	1,399
경남	442	346	249	157	62	0	1,256
제주	70	71	11	36	0	0	188

지역	주유소 상호						계
	SK	GS	현대	S-Oil	SK 인천	무상표+수입	
계	4,613	3,534	2,368	1,824	104	364	12,807
구성비(%)	36%	28%	18%	14%	1%	2.9%	100%

자료: 지역별 주유소 현황, 주유소 협회

〈그림 Ⅷ-3〉 석유제품의 유통경로

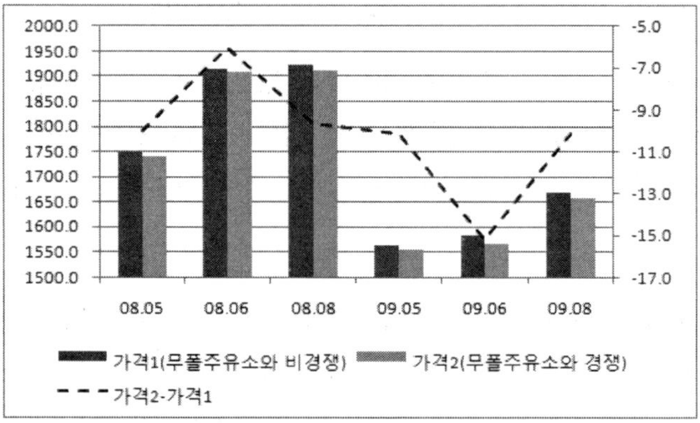

자료: 김대욱 · 김종호(2010)

○ 한편, 위의 분석결과는 휘발유의 가격에 영향을 미치는 요인들을 통제하지 않은 결과이므로 이를 통제한 이후의 가격변화를 분석하기 위하여, 회귀분석을 한 결과에 의하면, 무폴주유소의 반경 1km 이내에서 무폴주유소와 경쟁하는 주유소는 그렇지 않은 주유소에 비해서 휘발유 가격을 리터당 약 11~17원 저렴하게 책정하는 것으로 나타났음.

– 또한 무폴주유소와의 경쟁으로 인한 가격인하 효과는 경쟁 무폴주유소와의 거리에 반비례하는 것으로 나타났으며, 이러한 결과는 무폴주유소의 존재가 휘발유 가격하락에 기여함을 의미함.

○ 위의 결과를 종합적으로 보면, 무폴주유소의 존재는 주유소 간의 경

쟁을 촉진시켜서 가격을 인하시키는 역할을 하는 것으로 나타남.

- 이러한 결과는 주유소 간의 경쟁을 강화하기 위해서 무폴주유소의 수를 확대하기 위한 정부의 정책이 휘발유 가격인하에 기여할 수 있음을 시사함.

- 그러나 무폴주유소에서 취급하는 휘발유 등의 석유제품의 불량률은 정유사 상표표시 주유소의 불량률에 비해서 높은 것으로 알려져 있으며, 무폴주유소는 유사휘발유의 적발율도 정유사 표시 주유소에 비해서 높은 것으로 나타나 있음.

- 따라서 정부는 지속적인 감시와 감독강화를 통해서 무폴주유소에서 판매하는 제품에 대한 감시와 감독을 철저히 하고, 이를 통한 소비자의 인식을 개선하기 위한 노력도 필요할 것으로 판단됨.

주유소간의 경쟁강화: 셀프서비스 주유소 활성화

○ 셀프서비스 주유소는 2007년 말까지 SK에너지, GS칼텍스, S-Oil 등을 모두 합쳐서 약 15개 내외였으나 2008년 여름이후 큰 폭으로 증가하고 있음.

- 일반적으로 셀프주유소는 일반주유소에 비해서 리터당 30~50원 정도 저렴한 것으로 알려져 있어서, 휘발유가격에 민감한 소비자들의 셀프주유소에 대한 선호도는 높을 것임.

- 그러나 휘발유를 직접 주유하는 것을 번거로워하는 여성운전자, 장애인 또는 고령의 운전자들의 셀프서비스 주유소에 대한 선호도는 상대적으로 낮을 것임.

○ 아래 〈그림 Ⅷ-4〉에 따르면, 대도시 지역에서 신규 셀프주유소는 2008년 이후 증가추세를 보였고, 특히 유가가 급등한 2008년 상반기 이후 그 증가세가 뚜렷해진 것으로 나타남.

- 구체적으로 김대욱 · 김종호(2010)의 연구에 따르면, 2009년 상반기까지 시장에 진입한 100여개의 셀프주유소를 분석한 결과, 44개가 서울특별시와 6대 광역시에 위치해 있었고, 이 중 총 33개가 2008년 4월 이후에 셀프서비스 주유소를 시작한 것으로 나타남.

- 또한 2008년 4월 이후에 셀프주유소 사업을 시작한 33개의 주유소 가운데 약 73%에 해당하는 24개의 주유소가 2008년 8월에서 2009년 4월 사이에 셀프주유소 사업을 시작하여서 셀프주유소들의 신규 사업시작일은 대부분 2008년 후반기와 2009년 상반기에 집중되어 있는 것으로 나타남.

〈그림 Ⅷ-4〉 서울시와 5대 광역시의 신규 셀프주유소 추이

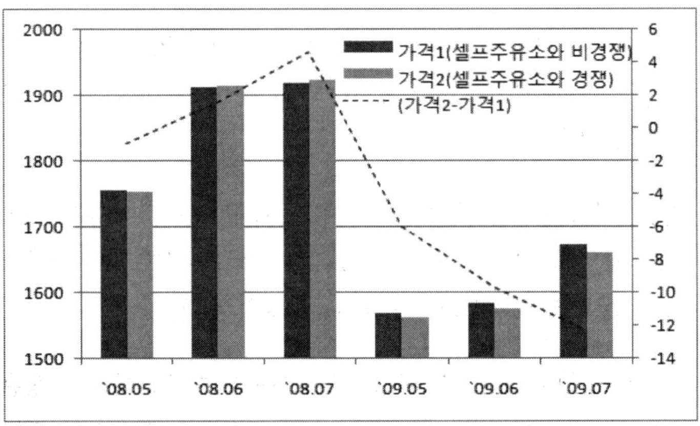

자료: 김대욱 · 김종호(2010)

○ 〈그림 Ⅷ-5〉에서는 신규 셀프주유소와 경쟁하는 처치집단과 그렇지

않은 통제집단의 평균휘발유가격 추이를 비교하고 있음.

- 처치집단과 통제집단의 평균휘발유가격 차이를 나타내는 점선그래프는 셀프주유소 진입 이전에는 대부분 양의 값을 갖고, 셀프주유소 진입 이후에는 음의 값을 갖는 것으로 나타남.

- 이는 셀프주유소의 진입 이전에는 통제집단의 평균휘발유가격이 더 낮았으나, 셀프주유소의 진입 이후에는 셀프주유소와 경쟁하게 된 처치집단의 평균휘발유가격이 더 낮았다는 것을 의미함.

- 구체적으로 2008년 7월에는 셀프주유소와 경쟁하는 주유소가 그렇지 않은 주유소보다 평균 휘발유 가격이 리터당 약 4.6원 높았으나, 2009년 7월에는 셀프주유소와 경쟁하는 주유소가 그렇지 않은 주유소보다 평균 휘발유 가격이 리터당 약 12.3원 낮은 것으로 나타나 셀프주유소의 진입으로 인한 가격인하 효과가 약 16.9원으로 나타남.

- 따라서 다른 변수들이 통제되었을 때, 셀프주유소와 경쟁하는 주유소는 셀프주유소의 진입 이후 그렇지 않은 주유소보다 더 큰 폭으로 가격을 인하했을 것이라고 추론할 수 있음.

〈그림 Ⅷ-5〉 처치집단과 통제집단의 평균휘발유가격 비교

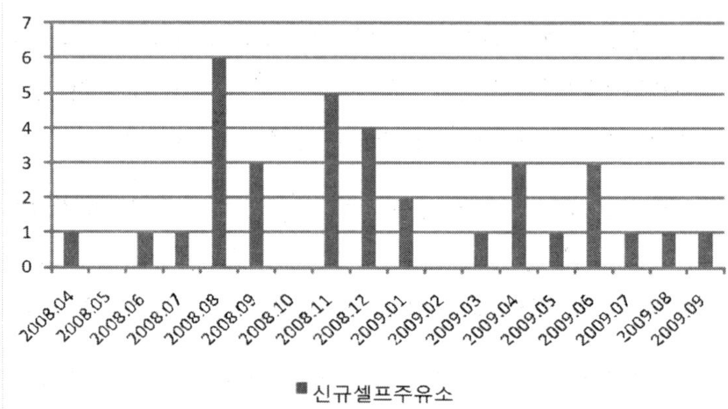

자료: 김대욱 · 김종호(2010)

○ 한편, 소매 휘발유 시장에서 휘발유가격에 영향을 미칠 수 있는 다른 요인을 통제한 이후에, 셀프주유소와 경쟁하는 주유소의 휘발유가격이 그렇지 않은 주유소에 비해서 저렴한지의 여부를 실증적으로 분석한 결과, 셀프서비스 주유소의 진입은 휘발유 가격인하에 기여한 것으로 나타남.

- 신규 셀프주유소의 진입이 집중되었던 2008년 8월~2009년 4월 사이에 서울 및 5대 광역시에서 셀프주유소 사업을 시작한 40개의 주유소를 대상으로 이중차분(difference-indifferences) 모형을 사용하여 분석한 결과에 따르면, 구체적으로 셀프주유소의 진입은 분석모형에 따라서 반경 1km 내에 위치한 인근 경쟁 주유소의 휘발유 가격을 리터당 약 9원 정도 감소시킨 것으로 나타남.

- 이러한 분석결과는 소비자들이 휘발유를 구매결정을 할 때에 가격이 매우 중요한 요소로 작용함을 의미함.

○ 이러한 연구의 분석결과는 다양한 시사점을 제공함.

- 첫째, 소비자들은 다소 번거롭더라도 가격이 저렴한 휘발유를 찾는 성향이 강함을 의미하기 때문에, 주유소의 비용절감을 통한 가격경쟁력의 확보는 매우 중요할 것으로 판단됨.

- 둘째, 셀프주유소의 진입이나 기존 주유소의 셀프전환을 촉진시킬 수 있는 정책은 휘발유 가격인하에 도움이 될 것으로 기대되기 때문에, 정부가 휘발유 가격을 인하시키기 원한다면 신규 셀프주유소의 진입이나 기존 주유소의 셀프전환을 유도할 수 있는 정책이 효과를 발휘할 수 있을 것으로 보임.

- 셋째, 셀프주유소는 운전자가 직접 휘발유를 주유하므로 안전사고가 발생할 수 있을 것임. 따라서 이에 대한 운전자의 교육이나 주유소의 안전사고에 대한 철정한 대비책을 마련하는 것도 필요할 것으로 판단됨.

- 마지막으로, 본 연구에서는 대형할인마트 주유소는 경기도 지역에 위치하기 때문에 분석에 포함되지 않았다는 사실에 유의한 필요가 있으며, 따라서 본 연구결과를 대형할인마트의 진입효과로 확대해석하는 것은 주의해야할 것임.

소비자에게 정보제공: 오피넷 활성화

○ 휘발유 소매시장의 경쟁을 강화하기 위해서 중요한 것 중의 하나는 소비자에게 휘발유 가격정보를 제공해 주는 것임.

○ 한국석유공사가 지식경제부와 공동으로 제공하는 “주유소종합정보

시스템(오피넷)"은 전국 주유소의 실시간 판매가격을 수집하고 제공하는 오피넷을 구축하여 2008년 4월 15일부터 서비스를 제공하기 시작하였음.

- 소비자의 주유소 선택권을 제고하기 위해 석유제품의 브랜드뿐 아니라 일반휘발유 · 고급휘발유, 경유 등 주유소의 석유제품 가격과 세차, 경정비, 편의점, 할인 등의 부가서비스정보를 인터넷을 통해 제공함.[22]

- 특히 전국 13,000여개 주유소의 가격정보를 실시간으로 수집?분석하는 오피넷은 가격정보 수집에 대한 신뢰도를 높이기 위해 신용카드 결제정보망을 이용하고 있음.[23]

〈그림 Ⅷ-6〉 주유소 종합정보 제공시스템의 주유소 가격정보 수집 절차

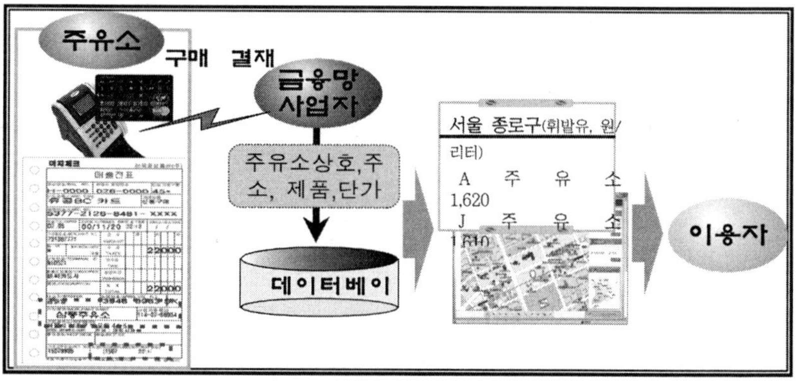

자료: 지식경제부

22 우리나라의 휘발유 시장은 브랜드별로 보면 SK 에너지, GS 칼텍스, 현대 오일뱅크 및 S-Oil 등의 4개 회사가 시장점유율의 90% 이상을 차지하고 있는 과점시장임.

23 한편, 2009년 10월 기준으로 전국에 13,099개의 주유소가 운영중이다. 지역별로 보면, 경기도에 2,565개로 가장 많은 주유소가 운영중이었으며, 그 다음은 경북에 1,414개, 경남에 1,275, 충남에 1,161개의 주유소가 있었다.

○ 김대욱 · 김종호(2010)는 정부가 소비자의 탐색비용을 줄여주기 위해서 최근 시행한 오피넷의 도입효과를 두 가지 측면에서 실증적으로 분석하고자 하였음.

○ 본 연구는 먼저 2008년의 시 · 도별 휘발유 가격자료를 사용하여 주유소간의 가격분산을 분석함.

- 휘발유의 분산에 영향을 미치는 다른 요인을 통제하면서 회귀분석을 수행한 결과에 따르면, 주유소간의 가격분산은 오피넷 도입 이후에 감소한 것으로 나타남.
- 특히, 휘발유의 가격분산의 감소는 다른 지역에 비해서 대도시에서 보다 크게 나타났으며, 비수도권에서는 수도권에 비해서 보다 큰 것으로 분석됨.

○ 본 연구는 나아가 오피넷 도입 이후의 주유소의 소매마진의 변화를 측정하였음.

- 휘발유의 마진에 영향을 미치는 다른 요인을 통제하면서 회귀분석을 수행한 결과에 따르면, 오피넷 도입 이후에 소매마진은 통계적으로 유의미한 변화를 나타내지 못한 것으로 나타남.
- 그러나, 대도시와 수도권에서 주유소의 소매마진은 오피넷 도입 이후에 감소한 것으로 분석됨.
- 이러한 결과는 대도시와 수도권에서 오피넷 도입 이후에 소비자의 탐색비용이 감소하여 소비자의 탐색활동이 강화되었음을 의미하며, 이러한 탐색활동의 증가는 궁극적으로 대도시와 수도권에

위치한 주유소의 휘발유 가격을 하향평준화시켰음을 시사함.

○ 본 연구의 분석결과를 종합하면, 오피넷의 도입은 대도시와 수도권에 위치한 주유소간의 가격차이를 감소시켰으며, 가격차이의 감소는 주유소의 소매마진을 감소시키는 긍정적인 방향으로 이루어진 것으로 분석됨.

○ 따라서 정부는 소비자의 탐색비용을 추가적으로 줄여주기 위해서 다양한 형태의 추가적인 서비스를 제공할 필요가 있을 것이며, 소비자가 운전 중에도 주유소의 휘발유 가격정보를 쉽게 확인하도록 하는 노력도 필요할 것으로 판단됨.

IX. 에너지-경제-환경

본 장은 우선 에너지-경제-환경의 연관성을 다루고 있음. 에너지-경제 관련 연구에 이어 산성비, 기후변화와 같은 글로벌 환경에 대한 관심이 집중되면서 에너지(energy)-경제(economy)-환경(environment)이라는 3E 모형에 대한 연구가 활발해짐. 두 번째로 다루고 있는 내용은 3E의 한 축인 환경에 대하여 다루고 있음. 특히 환경문제에서 시장실패가 발생하는 원인을 간략히 살펴보고 환경경제학에 대한 정의를 요약하고 있음.

1. 에너지-경제-환경의 연계

에너지와 경제

○ 1970년대 초 화석연료의 고갈 문제가 부각되면서 에너지와 경제를 연계시키는 이론과 응용 경제 모형이 개발되기 시작함.

- 에너지-경제 관련 연구는 주로 석유와 같은 희소 자원이 세계 경제에 미치는 영향에 초점을 둠.

경제와 환경

○ 경제가 환경에 미치는 영향

- 생산과 소비를 포함한 경제 활동은 오염물질(pollutant), 폐기물(solid waste), 그리고 온실가스(greenhouse gas)와 같은 잔여물(residuals)의 발생을 유발함.
- 대규모 개발 사업과 같은 경제활동 자체가 환경 파괴를 직접적으로 유발함.
- 경제 활동이 환경에 부정적인 영향을 미치기도 하지만 긍정적인 영향을 미치기도 함. 조림이나 수질 관리 등이 그 예라 할 수 있음.

○ 환경이 경제에 미치는 영향

- 환경은 경제 활동에 필요한 자원과 에너지를 공급함. 하지만 자원의 희소성과 기후변화 등은 경제활동에 제약 요소로 작용함.

- 환경은 경제 활동으로부터 발생한 잔여물을 일정 부분을 자정 능력으로 정화시킴.

- 깨끗한 공기와 깨끗한 물 등은 사회적으로 긍정적인 가치를 갖고 있으며 인간들에게 직접적인 만족을 줌.

에너지–경제–환경

○ 에너지–경제 관련 연구에 이어 산성비, 기후변화와 같은 글로벌 환경에 대한 관심이 집중되면서 에너지(energy)–경제(economy)–환경(environment)이라는 3E 모형에 대한 연구가 활발해짐.

〈그림 Ⅸ–1〉 3E 모형의 실례

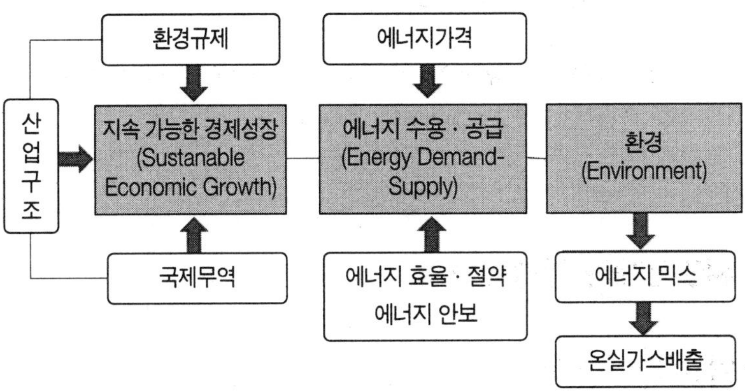

- 특히 주로 석탄과 석유 같은 화석연료의 소비로부터 발생하는 온실가스(greenhouse gas) 배출량의 증가로 인한 기후변화 문제를 해결하기 위한 노력으로 경제와 환경을 통합하기 위한 전략과 정

책에 대한 연구가 활발함.

- 에너지–경제–환경의 통합 모형의 대표적인 것이 일반균형모형(general equilibrium model)이라 할 수 있는데 연산일반균형모형(CGE: computational general equilibrium model)이 한 적용 사례임.

○ 신고전파(neoclassical economics) 관점에서 에너지–경제 연계 모형은 에너지와 환경을 소비나 생산 활동의 투입요소로 간주하고 있음.

- 다음과 같은 상향식(top–down) 생산함수를 고려하면,

$$Q = f(K, L, M, E, N)$$

Q: 총생산(gross output), K: 자본, L: 노동, M: 비에너지 중간재, E: 에너지, N: 환경

• 생산함수에 전통적인 생산요소인 자본과 노동뿐만 아니라 에너지와 환경이 생산요소로 고려됨.

2. 환경문제와 환경경제학

환경문제와 시장실패

○ 경제학에서 자원배분의 효율성을 가늠하는 가장 대표적인 지표가 파레토 최적(Pareto optimality)이라는 개념임.

- 파레토 최적은 한 사람의 효용을 희생시키지 않고서는 다른 사람의 효용을 증가시키지 못하는 상태를 의미함.

- 완전경쟁시장과 같이 시장이 '보이지 않는 손'에 의해 원활히 작동하는 경우 시장에서 수요와 공급에 의한 균형 가격에 의해 자원배분이 이루어지면 파레토 최적 상태에 도달하게 됨.

  • 자원배분의 효율성 조건은 소비 측면에서의 한계지불의사(marginal willingness to pay)와 생산 측면에서의 한계비용(marginal cost)이 일치하는 것임.

  • 이때 소비자잉여와 생산자잉여의 합인 사회적 후생이 최대가 됨.

○ 자원배분이 효율적이기 위해서 모든 재화 및 서비스에 대해 시장이 형성되어 있어야 하며 그 시장이 경쟁적으로 원활히 작동해야 함. 하지만 가격 기구에 의해 자원의 최적 배분이 이루어지지 못하는 경우를 시장실패(market failure)라고 함.

○ 시장실패가 발생하는 원인

- 독과점에 의한 완전 경쟁의 제한

  • 독점 시장의 경우 독점 기업의 한계비용은 가격보다 낮아 자원배분의 효율성 조건이 충족되지 못함.

  • 자연독점의 경우에도 평균비용이 모든 산출량 수준에 대해 우하향하기 때문에 독점 기업의 한계비용을 가격과 일치시키는 경우 독점 기업은 손실이 발생하게 되어 지속적으로 유지될 수 없음. 즉, 자연독점은 경쟁시장과 양립할 수 없음.

– 외부성(externality)의 존재

- 소비자나 생산자의 소비와 생산 활동이 시장 가격을 통한 경제적 대가를 수반하지 않은 채 다른 경제주체의 소비 또는 생산 활동에 미치는 영향을 외부성(externalities)이라고 함.

- 외부성에는 긍정적인 외부성(positive externality)과 부정적인 외부성(negative externality)이 있음. 과수원과 양봉업자 간의 관계는 전자에 속하면 공해물질의 배출은 후자에 해당됨.

- 다음 그림에서 어느 정유회사에서 생산하는 휘발유 생산량에 대한 수요곡선은 우하향하고 있으며, 이는 곧 휘발유에 대한 소비자들의 한계편익(PMB: Private Marginal Benefit)곡선과 일치할 것임.

- 휘발유 공급곡선은 개별 정유회사들의 공급에 따른 사적 한계비용(PMC: Private Marginal Cost)곡선을 수평적으로 합한 곡선으로 나타남.

- 따라서 휘발유 생산에 따른 환경오염이 수반되지 않았을 경우에 완전경쟁시장에서의 가정 결정원리에 따라 점 E_P에서 균형가격은 P_P, 균형 휘발유 양은 Q_P가 됨.[24]

- 그러나 휘발유라는 석유제품을 생산하는 과정에서 배출되는 오염물질로 인해 사회적 비용이 발생하게 되고, 따라서 휘발유 생산에 따른 사적 비용과 사회적 비용을 모두 감안한 사회적 한계비용(SMC: Social Marginal Cost)곡선과 수요곡선 D가 만나는 점 E_S가 파레토 효율성을 달성하는 자원배분 상태를 달

24 우리나라 휘발유 시장은 엄밀한 의미에서 완전경쟁시장은 아님. 왜냐하면 정유회사가 제한적으로 존재하고 있기 때문임. 하지만 분석의 편의상 완전경쟁시장이라 가정하기로 함.

성하게 되는 것임. 따라서 균형 휘발유 수준은 Q_S*가 됨.

- 따라서 사회적 비용을 고려할 때의 최적 휘발유 생산량은 사적 비용만을 고려한 휘발유 생산량보다 적음을 알 수 있음. 즉, 휘발유가 사회적 최적 생산량보다 부정적인 외부성으로 인해 과대하게 생산되고 있음.

〈그림 IX-2〉 외부성과 자원배분의 비효율성

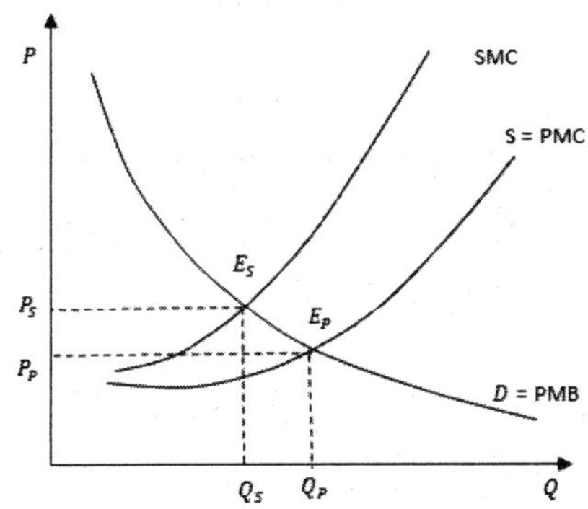

– 공공재의 존재

- 사적 재화(private goods)는 일반적으로 시장 기구를 통해서 가격을 지불한 사람에게 배분됨. 하지만 국방, 소방, 공원, 도로 등의 서비스는 수익자 부담 원칙이 잘 적용되지 않음. 이러한 재화를 공공재(public goods)라 함.

- 공공재는 비배제성(non–excludability)과 비경합성(non–rivalry)의 특징을 갖고 있음. 특히 비배제성으로 인해 공유자원의 비극(tragedy of the commons)이 발생함.

- 무임승차자(free rider)의 문제는 공공재의 비용 분담 과정에서 흔히 나타나는 현상으로 민간 기업이 공공재를 공급하게 되면

공공재의 소비자가 무임승차 유인으로 공공재가 사회적으로 바람직한 양보다 적게 생산될 수 있는 시장실패의 가능성이 발생하게 됨. 따라서 일반적으로 정부가 공공재를 공급하게 됨.

○ 환경문제와 시장실패

- 환경재가 갖는 독특한 특정상 시장이 본래의 기능을 제대로 발휘하지 못함으로써 환경오염, 자원고갈, 생태계 파괴 등의 환경문제가 발생함.

- 환경문제가 시장실패의 대표적인 예로서 언급되는 이유는 환경재는 시장에서 형성되는 가격이 그 재화가 지니고 있는 가치를 제대로 반영하고 있지 못한 데 기인함.

    - 환경의 편익을 환산하기에 어려움이 많음. 특히 환경의 편익은 오랜 시간에 걸쳐 발생하기 때문에 환경 투자의 비용-편익 분석에 있어 편익의 가치를 추정하기 어려움이 있음.

- 소비와 생산 등 경제 활동이 증가하여 오염물질의 발생량이 환경의 자정능력을 초과하게 되면 환경오염에 따른 각종 피해가 발생하게 됨. 하지만 외부성의 문제 등으로 인해 오염물질을 배출하는 소비자나 생산자는 자신이 배출하는 오염물질이 유발하는 피해에 대해 비용을 지불하지 않으려 함.

    - 오염물질의 발생에 상응하는 비용이 지불되지 않는 이유는 대부분의 환경재에 있어 적절한 소유권(property rights)이 설정되어 있지 않거나 설정이 불가능하기 때문임.

    - 환경재에 대한 소유권의 결여는 시장 기능이 제대로 작동하기 위한 핵심적인 요소가 갖추어져 있지 않음을 의미함.

환경경제학

○ 비관론자들은 세계 경제는 인구 증가, 기술 혁신, 자본 축적, 자연 자원, 산업 생산 등에 기초하여 성장해 왔기 때문에 이들 요소들이 증가하지 않는다면 경제 성장은 지속적으로 이루어지기 어려울 것임.

- 특히 재생 불가능한 자연 자원의 고갈 문제와 경제 성장에 따른 환경문제로 인해 경제 성장에 한계를 가질 수밖에 없음.

○ 한편 낙관론자들은 경제 성장과 환경 보전의 조화와 통합을 통해 장기적으로 환경과 자연자원의 보전이 지속 가능한 경제 성장을 가능하게 할 것으로 봄.

○ 환경경제학은 시장에서 거래되지 않는 환경 자원에 대해 시장가격에 준하는 적절한 가격을 부여함으로써 경제 행위의 합리적 변화를 유인할 수 있는 이론과 정책을 연구하는 학문임.

- 환경 정책의 결정과 집행에 관한 연구
- 환경 보전을 위한 환경 재원의 효율적 조달과 집행에 관한 정책
- 환경 자원의 효율적 관리를 위한 규제 수단에 대한 연구
- 지구온난화에 의한 기후변화와 같은 전 지구적 환경 문제에 대한 연구
- 환경오염과 국제무역 간의 관계에 대한 연구

X. 직접 규제에 의한 환경정책

본 장은 우선 환경문제를 해결하기 위한 환경정책의 종류와 환경정책 수단의 평가기준을 살펴보고 있음. 그 다음으로 환경문제를 해결하기 위한 정부의 직접 규제에 의한 환경정책 수단을 피구세의 수준을 어떻게 결정해야 하는지 분석하고 있음. 마지막으로 코즈의 정리의 기본 원리와 예시를 통해 분석하고 있음. 예시는 저감비용과 거래비용이 없는 경우, 저감비용이 있는 경우, 그리고 저감비용과 거래비용이 있는 경우에 경제 주체들 간의 자발적 거래가 환경문제를 해결할 수 있는지 알아보고 있음.

1. 환경정책의 분류와 평가기준

환경정책의 분류

○ 경제학적인 접근법을 이용하여 환경문제의 해결을 모색할 때 환경문제는 기본적으로 시장의 실패가 원인이기 때문에 이를 해결하기 위해서는 정부의 적극적인 역할이 필요하다는 견해임.

- 시장실패에 의한 환경문제는 다분히 정부의 시장개입이 정당화되는 경제현상으로 이해할 수 있음. 다시 말해 정부의 규제를 통한 시장개입이 자원배분상의 효율성을 증대시킬 수 있음을 강조.

○ 환경정책은 크게 경제적 유인이 없는 규제로 이는 직접 규제에 해당하며, 경제적 유인이 있는 제도적 규제로 부과금 제도, 보조금 제도, 배출권 거래제도 등이 있음. 한편, 사법적 규제는 피해보상 판결을 통해 환경 오염물질 배출을 규제함.

〈표 X-1〉 환경정책의 분류

분류기준	정책 수단	특징
경제적 유인이 없는	제도적 규제	직접규제
환경기준을 사용하여 규제	경제적 유인이 있는	제도적 규제
	부과금제도	보조금제도
가격변화를 이용해 규제	배출권거래제도	수량제한을 통해 오염규제
사법적 규제	-	피해보상판결을 통해 규제

권오상(2007), 환경경제학(제2판) 참조.

○ 효율성기준

- 사회적 관점에서의 최적인 배출량이나 저감량이 달성되어야 함을 의미하는데 정태적 효율성과 동태적 효율성으로 나누어 살펴볼 수 있음.

  • 정태적 효율성은 환경정책 수단이 사회적 최적 수준까지 오염물질 배출량을 감소시킬 수 있는지의 여부를 평가하기 위해 사용되는 기준임.

  • 동태적 효율성은 환경정책 수단이 오염자들에게 오염 물질의 배출을 저감시킬 수 있는 기술혁신을 어느 정도 유인할 수 있는지를 평가하는 기준임.

- 정태적 효율성은 정책시행의 결과로 오염물질 배출로 인한 사회적인 한계피해와 배출감소를 위한 사회적인 한계비용이 일치하는 수준까지 오염물질이 배출되거나 감소되어야 함을 의미함.

  • 이 기준 하에서 사회 전체의 순편익이 극대가 되기 때문에 이 기준을 충족할 수 있는 정책이 가장 바람직한 환경정책이라 평가할 수 있다.

- 오염으로 인한 사회적 피해함수와 오염을 줄이는 데 소요되는 비용함수를 완전히 파악해야 하는 어려움이 상존함.

- 비용효과성(cost-effectiveness)

  • 정책당국이 피해함수에 대한 정보가 부족한 경우에 차선의 효율성 기준으로서 정부가 목표로 하고 있는 오염물질 저감량을 사회적으로 가장 적은 비용으로 달성하거나, 주어진 비용으로 가장 많은 오염물질을 감소시킬 수 있는 정책을 의미함. 오염

의 피해와 저감비용을 모두 파악하는 것이 어려운 경우에 비용 효과성은 현실적 기준이라 할 수 있음.

○ 형평성

- 도덕적 판단에 따른 것으로 환경정책 수단에 따른 순편익이 얼마나 공평하게 각 사회 구성원들 사이에 배분되느냐를 보기 위한 기준임.

- 환경정책 수단의 전체적인 효율성뿐만 아니라 그 정책이 각 사회 계층에 미치는 상대적인 영향을 분석해야 함을 의미함.

- 일반적으로 효율성과 형평성은 상충관계에 있을 가능성이 높은데, 효율성 측면에서 우월한 정책이라 하더라도 형평성 측면에서 뒤떨어지면 정책의 선택이 매우 어려워짐. 이 경우에는 사회 전체의 윤리적 기준에 따라 정치적으로 선택할 수밖에 없음.

○ 정책집행의 용이성

- 오염자는 비용절감을 위해 자신의 배출상한을 어기고자 하는 유인이 있으며, 정부가 요구하는 시설을 설치하지 않거나 설치하더라도 운영비용을 줄이기 위해 가동하지 않고자 할 것임.

  • 이처럼 각 오염원이 정부 당국이 정한 규정을 위반하고자 하는 동기가 항상 존재하므로 정부 당국은 오염원들로 하여금 규정을 준수하도록 유도하는 노력이 필요함.

  • 이러한 노력에는 비용이 수반되고, 정책에 따라 소요되는 집행비용이 다를 수 있음. 따라서 오염자로 하여금 정책을 실제

로 따르도록 유도하는 정책 집행의 용이성이 반드시 고려되어야 함.

• 정책집행의 용이성에는 집행비용도 포함됨. 집행비용이 낮을수록 바람직스러운 환경정책 수단이라 할 수 있음.

○ 윤리적 기준

– 오염자부담원칙(polluter pays principle)

• 적절한 환경질을 유지하기 위해 정부 당국이 결정한 오염방지 및 제거수단을 시행하는 데 요구되는 비용을 오염 제공자가 부담하여야 한다는 원칙임.

• 잔여물질 오염으로 인해 피해가 발생한 경우에도 피해자에 대한 보상도 오염자가 부담해야 함.

– 피해자부담원칙(victim pays principle) 또는 수혜자부담원칙(beneficiary pays principle)

• 환경질 개선에 소요되는 비용을 환경질이 개선되면서 자신이 입는 오염피해가 줄어드는 편익을 누리는 환경오염 피해자가 부담하여야 한다는 원칙임.

– 예: 상수원의 수질개선

• 오염자부담원칙: 수원지 부근의 농민이나 음식점 주인이 폐업을 하거나 오염물질 배출량 감소를 위한 비용을 부담해야 함.

• 수혜자부담원칙: 수원지의 수질 개선으로 이득을 보는 상수도 사용자가 수질개선 비용을 부담해야 함. 즉, 수원지 부근에서

생산 활동을 하는 경제 주체들이 보다 환경 친화적으로 경제 행위를 하기 위해 필요한 비용을 수돗물 값의 지불을 통해 보상해야 함.

○ 신축성 조건

- 오염자가 경제 환경의 변화에 신축적으로 반응할 수 있느냐의 조건.
- 오염자가 기술의 변화나 경제 여건의 변화에 대해 신축적으로 반응할 여지를 많이 부여하는 정책일수록 오염자가 이러한 변화에 탄력적으로 적응하여 저감비용을 절약할 수 있도록 해 줄 것임.

2. 정부규제에 의한 해결

○ 환경문제 해결을 위한 첫 번째 방식은 정부의 규제 접근 방식으로 이에는 직접 규제에 의한 방법과 간접 규제에 의한 방법이 있음.

- 전자의 사례로 오염자에 대해 오염물질의 배출기준을 정해 놓고 이를 준수하도록 강제하는 방식임. 그리고 이러한 기준을 지키지 않을 경우 행정적 · 법적인 제재를 받게 됨.
- 후자의 경우는 정부가 환경오염을 발생시키는 재화나 서비스의 상대 가격 체계에 인위적인 영향을 줌으로써 개별 경제주체들이 스스로 자신의 이익에 따라 경제 행위를 변화시키도록 유도하는 방식임. 이러한 접근 방식을 경제적 유인 수단(economic incentive)이라고 함.

○ 환경문제를 해결하기 위한 둘째 방법은 시장의 실패에 대응하여 정부가 직접 나서기보다는 상대적으로 시장 기능에 의한 경제주체들 간의 자발적인 해결에 초점을 맞추는 것임.

- 이 접근 방식에도 정부의 역할이 전혀 무시되는 것은 아니지만 정부의 적극적인 시장개입에 의한 해결방식보다는 그 역할을 매우 제한적으로 보고 있음.

  • 예를 들어 정부의 역할은 사법적인 판단에 의해 환경오염 당사자들 간의 소유권을 조정해 주는 선에서 머물러야 하고 사회적 자원 배분의 효율성 달성은 당사자들 간의 자발적인 협상에 의해 이루어져야 한다고 주장함.

3. 피구세

최적오염수준의 결정

○ 정부가 환경문제에 개입하기 위하여 어떤 방법에 의해 어느 수준의 규제정책을 사용해야 할 것인가?

- 우선 환경오염이 발생하는 경제행위가 존재하는 경우 어떤 자원배분 상태가 사회적으로 바람직한 것인지에 대한 분석이 필요함.

- 앞의 〈그림 Ⅷ-2〉에서 정유회사가 휘발유라는 석유 제품을 생산하는 과정에서 오염물질이 배출될 수 있으며 이는 환경오염의 한 원인이 될 수 있음.

  • 즉, 휘발유 생산이라는 경제행위 과정에서 오염물질이 배출되

고 이로 인한 피해 비용이 발생하게 되는데, 이 때 사회적으로 바람직한 휘발유 생산 수준은 휘발유 생산으로부터 오염물질이 전혀 배출되지 않는다는 가정을 했을 때와는 다르게 될 것임.

- 그렇다면 오염물질로 인한 피해비용이 존재할 경우 바람직한 휘발유 생산 수준은 〈그림 Ⅶ-2〉에서 Q_S로 결정됨.

○ 휘발유 생산량과 오염물질 배출량 간에는 일정한 함수 관계가 존재하는데 일반적으로 휘발유 생산량이 증가하면 이에 따라 오염물질 배출도 증가할 것임. 그렇다면 최적의 오염 배출량 수준(optimal level of pollution)은 어떻게 결정되는가?

– 한계저감비용은 배출량, 오염도 또는 저감량을 현재 수준에서 가장 효율적인 방법으로 한 단위 줄이는 데 소요되는 비용임. 오염물질 배출자가 배출량을 줄여 나갈 때 오염자가 처음에는 비교적 손쉽고 비용이 적게 드는 방법을 사용하지만 배출량을 더 줄이기 위해서는 새로운 설비를 설치하거나 생산공정 자체를 완전히 바꾸는 등을 통해서 보다 비용이 많이 소요되는 과정을 거쳐야 하기 때문에 오염물질의 저감량을 기준으로 나타낼 때 MAC곡선은 우상향함.

– 오염물질 배출량이 적을 경우에는 오염에 대해 민감한 사람이나 생물만 피해를 입기 때문에 한계피해가 적으나 배출량이 많을 경우에는 대부분의 사람이나 생물이 피해를 입게 되므로 한계오염피해곡선(MD: marginal damage)은 통상적으로 배출량에 대해 증가할 것임.[25]

---

25 만약 오염물질에 대한 대기의 자정능력(assimilative capacity)을 일정 부분 감안한다면 MD

– 사회적으로 최적 배출량 혹은 효율적인 배출량은 오염물질 배출로 인한 한계오염피해 곡선과 오염물질 배출량을 한 단위 줄이는데 필요한 한계저감비용(MAC: marginal abatement cost) 곡선이 일치하게 되는 배출량임.

• 〈그림 X–1〉에서 최적 오염물질 배출량은 점 e에서 결정되며, 이때 오염물질 배출량은 로 결정됨.

〈그림 X–1〉 최적 오염물질 배출량

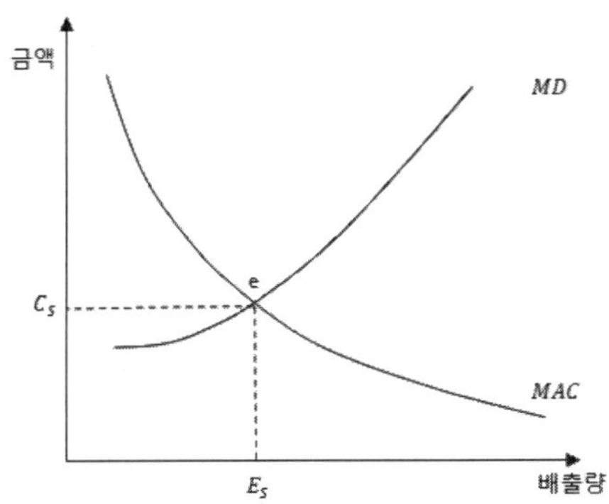

– 그러나 중요한 것은 오염물질의 완전한 제거를 주장하고 있지는 않음. 환경오염을 인한 피해비용이 발생하였을 경우 이를 고려하여 생산수준을 결정하여야 하나 그렇다고 무조건 오염물질의 발생량을 0으로 만드는 것을 목표로 하지는 않음.

• 오염물질 배출량을 0으로 만들고자 한다면 휘발유 생산을 중단해야 할 것임. 그러나 휘발유 생산으로 인해 소비자들이 일정 수준의 편익을 누리고 있음을 알고 있음.

곡선은 아래로 이동할 것임. 즉, 자정능력을 고려하면 동일한 오염물질 배출량에 대해 한계피해는 줄어들 것임.

○ 따라서 환경문제는 곧 경제문제이며, 경제활동으로 인해 환경오염이 발생하기 때문에 경제활동과 환경오염을 모두 고려하여 사회후생을 극대화시키는 방향으로 오염물질의 발생수준을 조정하는 것이 중요함.[26]

○ 그렇다면 사회적 최적오염 배출량 수준을 달성하기 위한 정부의 정책 수단을 살펴보기로 함.

최적 피구세

○ 어떻게 하면 경제가 최적오염수준에 도달할 수 있을 것인가?

- 〈그림 X-2〉에서 만약 대기오염물질을 방출하고 있는 모든 정유회사들이 자신의 비용곡선을 사적 한계비용(PMC)곡선이 아니라 사회적 한계비용(SMC) 곡선으로 인식한다면 균형점은 자연스럽게 E_S에서 결정될 것임.

- 하지만 이윤극대화를 추구하는 정유회사는 오염물질 배출에 대한 규제가 없는 한 SMC를 자신의 비용곡선으로 인식하지 않을 것임.

- 정부가 선택할 수 있는 대표적인 정책 중의 하나는 조세정책임. 즉, 정부는 오염배출 행위에 대해 조세를 부과함으로써 정유회사들로 하여금 오염물질 배출에 따른 사회적 비용을 자신의 비용으로 인식하게 만드는 경제적 유인을 제공하는 것이다.

---

26 현재 오염물질 배출량의 바람직한 수준의 기준을 자원배분의 효율성이라는 관점에서 다루고 있음. 그러나 환경오염이 발생하였을 때 그것이 상대적으로 어떤 사회구성원들에게 더 큰 피해를 미칠 것인지와 같은 형평성에 대한 분석도 중요함.

○ 그림에 나타난 바와 같이 정부는 사회적 최적 산출량 를 달성하기 위하여 단위당 세율을 로 부과함으로써 정유회사들이 기존의 PMC를 위로 평행 이동시킨 를 자신의 한계비용곡선으로 인식하도록 유도함.

- PMCt는 기존의 PMC가 t^*만큼 상방이동한 곡선임. 이 경우 사회적 최적 오염 배출량 수준에 도달할 수 있게 됨. 이처럼 최적 오염 배출량 수준을 달성시켜 주는 세율 t^*를 최적 피구세(optimal Pigouvian tax)라고 함.[27]

〈그림 X-2〉 최적 피구세의 결정

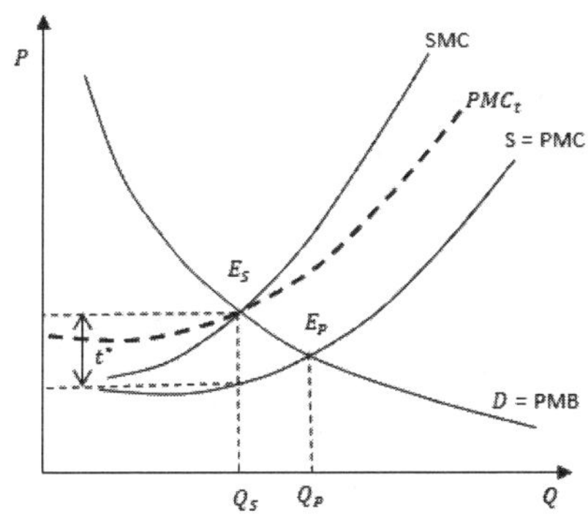

오염저감비용과 최적 피구세

○ 지금까지 정부에서 개별 기업에 대해 피구세를 부과하였을 때 사회적으로 바람직한 자원배분이 달성되는 과정을 분석했는데, 이 때 개별 기업은 자신의 오염물질 배출량을 감소시키기 위해 생산량을 줄

27 최적피구세라는 용어는 영국의 경제학자인 Arthur C. Pigou의 이름에서 따온 것임.

이는 방법 외에는 대안이 없다고 가정함.

- 그러나 실제로 오염물질의 배출량을 감소시키는 데에는 생산량을 줄이는 방법 외에도 다양한 수단이 있을 수 있음.

○ 정부가 오염물질 배출 단위당 세율을 t^*로 설정하게 되면 기업의 입장에서는 오염물질을 배출하고 세금을 납부할 것인지, 아니면 오염물질 배출 저감 비용을 감수하면서 오염물질의 발생을 스스로 감축시키고 세금을 내지 않을 것인지를 결정해야 함.

- 기업이 오염물질을 감소시킬 수 있는 대안들이 한계저감비용곡선으로 대표되는 경우에도 최적오염수준은 MAC와 MD가 만나는 점에서 결정되며(〈그림 Ⅹ-1〉) 최적 피구세 역시 이 수준에서 결정될 것임.

4. 시장에서의 자발적인 사적 해결

코즈 정리

○ 피구세는 환경 문제를 해결하기 위하여 정부의 시장개입이 불가피하고 정당하다는 기본적인 시각을 배경으로 분석됨.

- 그러나 일부 경제학자들은 환경문제의 해결이 이해 당사자들 간에 시장에서의 자발적인 협상과 거래에 의하여 가능하다고 주장함. 이러한 입장은 법경제학자인 코즈(Coase)에 의하여 최초로 제기됨.

○ 코즈는 환경문제에 시장실패가 발생하는 이유는 환경재에 대한 개인 소유권이 명확히 규정되어 있지 않기 때문이라고 전제하고 정부 역할은 법적 절차를 통한 소유권의 설정에 국한되어야 한다고 주장함.

- 그 다음에는 일부 조건이 충족되면 당사자들이 자발적인 협상을 통하여 사회적으로 효율적인 자원배분 상태를 이끌어 낼 수 있을 것이라고 보았는데 이를 코즈 정리(Coase Theorem)라 함.

코즈 정리의 기본원리

○ 코즈적 접근 방식은 정부의 시장에 대한 규제를 가능하면 제한하는 가운데 오염행위에 대한 상호성(reciprocity)에 입각하여 환경문제를 해결하자는 것임.

- 상호성이란 환경문제를 인식할 때 일방적으로 오염자가 상대방에게 피해를 입힌다는 관점에서만 볼 것이 아니라 오염자의 입장에서는 상대방이 존재하기 때문에 자유로운 오염행위에 대한 제약을 받는다는 관점에서도 볼 필요가 있다는 것임.

  • 즉, 오염자로 인해 상대방이 피해를 입는 것과 마찬가지로 만약 오염물질 배출 행위를 막는다면 이는 결국 오염자에게 실질적인 피해를 초래한다는 관점임. 왜냐하면, 오염자 입장에서는 오염물질 배출 행위 자체보다 재화 생산과 같은 특정 경제행위가 목적이기 때문임.

- 따라서 상호성 원칙에 입각한다면 환경문제의 해결은 오염행위로 인해 상대방에게 부과되는 피해비용과 오염행위를 막았을 경우 오염자에게 발생한는 피해비용을 비교함으로써 상대적으로 비용

이 더 많은 쪽을 억제하는 것이 모두에게 이익이 된다는 논리가 가능하게 됨.

– 이러한 관점에서 코즈는 시장에서 거래비용이 없거나 충분히 작은 수준이라면 당사자들 간에 자발적인 협상을 통해 오염에 대한 법적 책임이 누구에게 귀속되는지에 상관없이 사회적으로 효율적인 자원배분이 가능하다고 주장함. 이 과정에서 정부의 역할은 환경재에 대한 소유권의 설정에 국한되게 됨.

사례 분석[28]

○ 어느 지역에서 석재공장과 치과병원이 운영되고 있음.

– 석재공장을 가동하는 가운데 소음이 발생하고 이로 인해 치과병원은 의료행위 과정에서 손해를 입게 됨.

• 석재공장과 치과병원의 운영을 통해 발생하는 모든 편익의 현재가치가 다음과 같이 주어져 있으며, 편익체계와 관련된 정보는 양 당사자들 모두에게 공개되어 있음.[29]

○ 〈상황 1〉: 저감비용과 거래비용이 없는 경우

석재공장이 공장을 가동함으로써 얻는 편익: 40
석재공장이 공장가동을 멈추었을 때의 편익: 0
소음이 없을 때 치과병원이 확보하는 편익: 70
소음이 있을 때 치과병원이 확보하는 편익: 10

---

28 사례 분석은 김승우 외(2005)에 제시된 사례를 일부 수정 · 보완함.

29 논의의 편의를 위해 편익의 단위는 생략하기로 한다.

- 먼저 석재공장에게 소음에 대한 법적 책임이 있다면, 석재공장은 소음으로 인해 치과병원이 감당해야 하는 비용, 즉 손실(60)을 보상하거나 스스로 공장을 폐쇄하는 두 가지 대안이 있을 수 있다. 전자의 경우 석재공장은 40−60=−20의 편익을 얻는 반면, 후자의 경우에는 공장가동을 아예 멈추는 것이므로 편익은 0이 됨. 따라서 석재공장의 입장에서는 공장을 폐쇄하는 것이 유리한 선택임.

- 이제 석재공장에게 소음에 대한 법적 책임이 주어져 있지 않은 경우에, 즉, 석재공장은 어떤 법적 책임 없이 공장을 자유롭게 가동할 수 있는 권리를 부여받았다고 하면, 치과병원이 공장에 대해 협상을 제의하게 될 것임.

  - 공장이 가동을 멈추는 대가로 치과병원이 보상하고자 하는 금액이 C라고 하자. 만약 C를 40이상, 60이하로 책정하게 된다면 이것이 가장 효율적인 협상결과가 될 것임. 왜냐하면 40이상을 보상해 주게 되면 공장 입장에서는 가동할 때 얻은 편익(40) 이상의 편익을 누리게 되므로 치과병원의 제안을 받아들임. 반면 병원 입장에서는 60 이하로만 보상을 하면 소음이 없는 가운데 진료를 하게 되므로 소음이 발생되는 가운데 얻는 편익인 10보다는 많은 편익을 누리게 되어 최소한 손실은 보지 않게 되는 것임.

  - 이상의 논의는 소유권의 법적 귀속에 관계없이 공장이 가동될 때의 사회적 편익의 합이 50(40+10)인 반면, 공장의 가동을 멈추었을 때의 사회적 편익의 합이 70(0+70)이기 때문에 공장을 폐쇄하는 것이 사회적으로 보다 효율적인 선택임을 보여주고 있음.

〈표 X-2〉 상황 1의 선택과 결과

법적 책임 여부	선택 대안	공장의 순편익	병원의 순편익	편익의 합	예측 결과
공장에 책임이 있는 경우	공장 운영	-20	70	50	공장 폐쇄
	공장 폐쇄	0	70	70	
공장에 책임이 없는 경우	공장 폐쇄 조건으로 병원이 C 지급 협상 개시	C	70-C	70	40≤C≤60으로 협상
	병원이 협상을 하지 않음	40	10	50	

– 이러한 결과가 〈표 X-2〉에 제시되어 있음.

- 두 경우 모든 편익의 합은 70으로 동일함.
- 이러한 결과는 만약 양 당사자가 거래비용 없이 자유롭게 협상할 수 있다면 법적 책임이 어느 쪽에 있든지 상관없이 사회적 효율성을 공히 달성할 수 있다는 코즈의 주장을 확인시켜 주고 있음.
- 물론 법적 책임이 어느 쪽에 귀속되어 있느냐에 따라 편익의 분배에는 많은 차이가 발생하고 있음. 법적 책임이 없는 당사자가 상대적으로 많은 편익을 누리고 있음.

○ 〈상황 2〉: 공해물질 제거비용이 존재하는 경우

석재공장이 공장을 가동함으로써 얻는 편익: 40
석재공장이 공장가동을 멈추었을 때의 편익: 0
소음이 없을 때 치과병원이 확보하는 편익: 70
소음이 있을 때 치과병원이 확보하는 편익: 10
석재공장이 소음제거장치를 장착하는 데 소요되는 비용: 20

– 〈상황2〉는 〈상황1〉과 동일한 편익구조를 갖고 있으나 추가적으로 석재공장은 자신의 공장에서 발생하는 소음을 완전히 제거할 수

있는 장치를 20의 비용을 들여서 장착할 수 있음.

- 먼저 석재공장에게 소음에 대한 법적 책임이 있다면 석재공장의 입장에서는 공장을 폐쇄하는 대안보다는 스스로 소음제거장치 장착 비용을 부담하여 소음제거장치를 장착하는 것이 가장 유리한 방법이 될 것임. 왜냐하면 40–20=20만큼의 편익이 발생하기 때문임.

- 다음으로 석재공장에게 어떤 법적 책임 없이 공장을 자유롭게 가동할 수 있는 권리가 부여되어 있는 경우에 치과병원은 공장에 대해 협상을 제의하게 되는데 병원 입장에서는 최소한 20 이상, 최대 60 이하로 보상비용을 타결할 수 있다면 이것이 가장 유리한 협상이 될 것임. 여기서 20은 소음저감장치에 소요되는 비용을, 그리고 60은 소음제거에 따라 치과병원이 누리는 순편익을 나타냄.

- 공장에게 법적 책임이 없을 경우 병원이 소음제거장치 장착을 위해 공장에 대해 금전적 보상을 하게 되면, 공장은 계속 가동하므로 40의 편익을 확보함. 한편 스스로 소음제거장치를 장착한다고 가정하면 20이 소요되어 편익은 40–20=20으로 감소한다. 이 때 C에 해당하는 만큼의 보상비용을 치과병원으로부터 받게 되기 때문에 최종적인 편익은 20+C로 결정됨.

– 이상을 정리하면 〈표 X–3〉과 같이 나타낼 수 있음.

〈표 X–3〉 상황 2의 선택과 결과

<table>
<tr><th>법적 책임 여부</th><th>선택 대안</th><th>공장의 순편익</th><th>병원의 순편익</th><th>편익의 합</th><th>예측 결과</th></tr>
<tr><td rowspan="2">공장에 책임이 있는 경우</td><td>소음제거장치 장착</td><td>20</td><td>70</td><td>90</td><td rowspan="2">소음제거장치 장착</td></tr>
<tr><td>공장 폐쇄</td><td>0</td><td>70</td><td>70</td></tr>
<tr><td rowspan="2">공장에 책임이 없는 경우</td><td>소음제거장치 장착 조건으로 병원이 C 지급 협상 개시</td><td>C+20</td><td>70-C</td><td>90</td><td rowspan="2">소음제거장치 장착 조건으로 40≤C≤60 협상 제안</td></tr>
<tr><td>병원이 협상을 하지 않음</td><td>40</td><td>10</td><td>50</td></tr>
</table>

– 앞의 상황들과 마찬가지로 사회적 효율성은 법적 책임의 귀속 여부와 상관없이 달성됨.

- 한 가지 지적할 사항은 오염제거장치라는 추가적인 대안이 주어짐으로써 사회적 편익의 총합이 〈상황1〉에 비해 90–70=20 만큼 증가하였다는 점임. 경제주체들에게 선택 가능한 추가적인 대안의 존재는 사회적 효율성의 증가를 가져올 수 있음을 시사함.[30]

○ 이제까지의 상황들은 두 당사자가 거래비용 없이 협상을 타결할 수 있다는 전체 하에 결과를 도출함.

– 그러나 실제로 협상에는 시간과 노력에 따른 비용이 들어가게 마련이며, 만약 잠재적 편익이 그다지 크지 않을 경우에는 협상의 가치가 없어질 가능성도 있음.

– 또한 다수의 당사자들이 협상에 참여하게 될 경우에는 거래 과정에서 많은 비용이 소요될 가능성이 높으며 각자가 무임승차를 통해 비용은 지불하지 않고 협상타결에 따른 편익만을 챙기려 하는 유인도 발생하게 됨.

– 나아가 보상액을 결정하고자 할 때 서로 용인할 수 있는 상하한선이 존재할 경우 특정 보상수준에서 협상타결이 이루지는 것이 매우 어려울 수 있음. 대상자간 순편익의 분배에 많은 영향을 미치기 때문임.

---

30 석재공장이 소음제거장치를 장착할 수도 있지만, 치과병원도 진료실에 방음벽을 설치할 수 있는 대안도 고려할 수 있음. 이에 대한 것은 김승우 외(2005), p. 61 참조.

○ 〈상황 3〉: 제거비용과 거래비용이 존재하는 경우

석재공장이 공장을 가동함으로써 얻는 편익: 60
석재공장이 공장가동을 멈추었을 때의 편익: 0
소음이 없을 때 치과병원이 확보하는 편익: 70
소음이 있을 때 치과병원이 확보하는 편익: 30
석재공장이 소음제거장치를 장착하는데 소요되는 비용: 20
협상과정에서 발생되는 거래비용: 25

- 위의 경우 석재공장은 소음제거장치를 장착할 수 있는 반면, 양자간의 협상과정에서 어떤 이유로든 25의 거래비용이 발생하고 있음.

- 먼저 석재공장에게 소음에 대한 법적 책임이 있는 경우를 생각해 보자. 석재공장으로서는 스스로 소음제거장치를 장착하게 되면 협상할 필요가 없기 때문에 이것이 가장 유리한 대안이 될 것임. 이 때 60−20=40의 편익이 발생함.

- 다음으로 석재공장에게 소음에 대한 법적 책임이 주어져 있지 않은 경우에 일단 치과병원이 석재공장에 대해 소음저감장치를 장착하는 데 따른 보상을 제공하는 가능성을 고려해 볼 수 있음.

  • 이 때 병원으로서는 최소 20, 최대 40의 보상비용을 제공할 용의가 있을 것임. 그러나 협상에 따른 거래비용 25가 발생함. 이러한 거래비용은 최초에 협상을 제의한 치과병원이 부담하게 될 것임. 따라서 최소한의 보상비용 20을 고려하더라도 25를 추가로 차감할 경우 치과병원의 순편익은 25(=70−20−25)인 반면에 소음을 감내하면 치과병원의 순편익은 30임. 따라서 병원의 입장에서는 협상에 임하여 순편익이 감소하는 것보

다 소음을 감내하는 것이 좀 더 유리한 대안이 될 것임.

– 이상을 정리하면 〈표 X–4〉와 같음.

〈표 X–4〉 상황 3의 선택과 결과

<table>
<tr><th>법적 책임 여부</th><th>선택 대안</th><th>공장의 순편익</th><th>병원의 순편익</th><th>편익의 합</th><th>예측 결과</th></tr>
<tr><td rowspan="2">공장에 책임이 있는 경우</td><td>소음제거장치 장착</td><td>40</td><td>70</td><td>110</td><td rowspan="2">소음제거장치 장착</td></tr>
<tr><td>공장 폐쇄</td><td>0</td><td>70</td><td>70</td></tr>
<tr><td rowspan="2">공장에 책임이 없는 경우</td><td>소음제거장치 장착 조건으로 병원이 C 지급 협상 개시</td><td>C+40</td><td>70-C-25</td><td>85</td><td rowspan="2">공장은 소음장치없이 가동하고 병원은 소음 감내</td></tr>
<tr><td>병원이 협상을 하지 않고 소음 감내</td><td>60</td><td>30</td><td>90</td></tr>
</table>

- 위의 표에서 알 수 있듯이 거래비용이 존재하는 경우에는 양 당사자의 편익의 합이 어느 쪽에 법적 책임이 귀속되느냐에 따라 달라짐. 공장에게 책임이 있을 경우에는 거래비용이 적용되지 않기 때문에 사회적 효율성을 달성할 수 있음.

- 반면에 공장에게 법적 책임이 없을 경우에는 병원이 협상과정에서 부담해야 할 거래비용이 발생함으로써 결국 공해 문제를 해결하지 못하게 됨.

– 이는 거래비용이 많이 발생할 경우에는 누구에게 법적 책임이 귀속되느냐에 따라 자원배분에 차이가 생길 수 있음을 시사함. 〈상황 3〉에서는 공장에게 법적 책임이 있는 경우에만 공해 문제가 해결됨.

코즈 정리에 대한 비판

○ 코즈 정리는 정부의 시장개입을 제한하면서 시장의 주도적인 역할

에 의한 환경문제의 해결 가능성을 제시함.

○ 그러나 코즈 정리는 실제로 환경문제의 해결을 위해 적용하고자 할 때 문제점이 발생될 수 있음.

- 첫째, 협상의 부재 가능성과 거래비용의 존재임.

  • 코즈 정리의 현실 적용력이 제고되기 위해서 환경문제 당사자 간의 협상이 활발히 발생해야 함. 그러나 자발적 협상을 통해 환경 분쟁이 해결되는 경우는 제한적임.

  • 이는 당사자 간 협상 과정에서 발생되는 거래비용이 존재하고 그 규모도 무시할 수 없을 정도로 큰 경우가 있음. 특히 환경문제와 관련하여 다양한 거래비용과 수많은 당사자가 존재할 경우 비용과 편익을 정확하게 산출해 낸다는 것은 거의 불가능함.

- 둘째, 협상 당사자가 특히 다수인 경우 판단이 불가능하거나 매우 어려움.

  • 코즈 정리는 협상 당사자가 두 경제주체로 제한되었을 때 가장 효과적일 수 있음. 특히 오염물질이 생태계에 오랜 기간 동안 존재하면서 장기적으로 피해를 미치는 경우에 협상에 어려움이 있음.

- 셋째, 환경문제 당사자의 식별이 쉽지 않음. 오염 물질 배출자가 누구이며 누가 피해자인지 불분명한 경우가 많음.

XI. 경제 유인적인 환경정책

본 장은 환경문제의 해결을 위해 정부의 직접 규제 대신에 경제적 요인을 통한 시장기구의 힘을 이용하여 분석하고자 함. 본장에서 다루고 있는 경제 유인적인 환경정책으로 배출부과금제도, 보조금제도, 그리고 배출권거래제에 대해 살펴보고 있음. 배출 부과금은 환경오염의 원인행위 그 자체에 세금을 부과하는 형태를 취하고, 보조금은 오염자가 오염물질의 발생량을 감소시키거나 이를 위한 시설 투자를 설치할 경우 그 비용의 일부를 정부가 보조해 주는 제도임. 배출권거래제는 시장기구를 통하여 오염자들이 오염물질의 배출권을 매매하도록 하여 오염자가 스스로 자신의 온실가스 배출량을 결정하게 하는 방식이라 할 수 있음.

1. 부과금

부과금의 종류

○ 환경오염행위에 대한 부과금은 오염행위에 대해 일정한 방식으로 부과금을 매기는 정책수단으로서 배출 부과금(emission charge), 제품 부과금(product charge), 그리고 사용료(user fee) 등으로 세분화됨.

- 배출부과금과 제품부과금은 오염물질 배출행위에 대해 일정한 방식으로 가격을 매김으로써 오염 배출량을 조절하는 정책수단임.

  • 배출 부과금은 오염물질 배출량 단위당 일정액을 부과하는 반면에, 제품 부과금은 생산, 소비 및 폐기 단계에서 오염을 유발하는 제품에 대해 일정액을 부과함

  • 배출부과금은 정책수단과 규제대상간의 연계성이 높기 때문에 오염물질 저감 효과는 좋지만, 제도의 시행과정에서 필요한 정보를 획득하기 위한 비용이 많이 필요하다는 단점이 있음.

  • 제품부과금은 오염물질 발생과 관련이 있는 제품에 부과하는 만큼 저감 효과는 배출 부과금에 비해 떨어지나 정보비용은 상대적으로 적게 소요되는 장점이 있음.

- 사용료는 쓰레기 처리비나 하수도 사용료 등과 같이 오염물질의 처리 서비스에 대한 대가로 부과하는 것임.

- 사용료도 오염 물질 배출 행위에 대해 가격을 매긴다는 점에서 부과금의 범주에 포함될 수 있으나 배출 부과금에 대해서만 분석하기로 함.

배출부과금 제도

○ 배출 부과금은 환경오염의 원인행위 그 자체에 세금을 부과하는 형태를 취하는데, 직접 환경세로 분류됨.

- 배출 부과금(emission charge, emission tax)은 일종의 조세로서 정책당국이 오염자로 하여금 스스로 오염물질 배출량을 줄이도록 하기 위해 제공하는 경제적 유인수단임.
- 오염자는 자신의 배출량을 스스로 결정할 수 있고, 오염물질 배출을 위한 방식을 자유롭게 선택 가능함.
- 다만 오염자는 자신이 배출하는 오염물질에 대해 단위당 특정금액의 부과금이나 세금을 정부에 납부해야 함.

○ 정부는 오염자가 배출하는 오염물질 단위당 t_0원 만큼의 배출 부과금을 징수한다고 가정하자.

- 배출량이 E_0보다 적을 경우에 MAC가 t_0보다 크기 때문에 오염자가 스스로 배출량을 한 단위 줄이기 위해 지불하는 한계저감비용이 오염물질을 한 단위 더 배출하기 위해 지불해야 하는 세금보다 더 높게 됨. 따라서 오염자는 배출량을 줄이는 것으로 포기하고 배출량을 더 늘려서 비용을 절감하고자 할 것임.

- 반대로 배출량이 E_0보다 많을 경우 MAC보다 t_0가 더 큼. 따라서 오염 물질 배출자는 오염 물질 배출량을 줄이고 배출 부담금을 줄이는 것이 더 유리함.

- 따라서 오염자는 MAC가 t_0와 일치하는 수준에서 E_0만큼의 오염 물질을 배출하고자 할 것임.

〈그림 XI-1〉 최적 배출 부과금

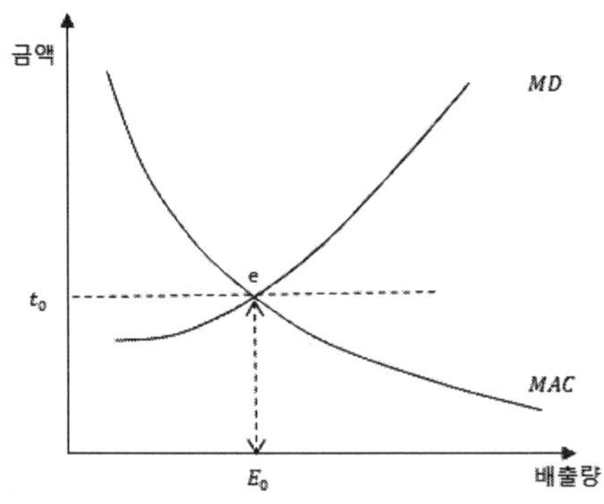

○ 위의 분석을 통해서 알 수 있듯이 정부가 오염물질 배출 부과금을 통해 개별 기업으로 하여금 오염배출량을 줄이고자 하는 유인을 제공할 수 있음을 알 수 있음.

- 그렇다면 오염 물질 배출량을 줄여야 할 이유가 있는가? 만약 줄일 이유가 있다면 얼마만큼 줄이는 것이 사회적으로 가장 최적 수준인가?

- 첫 번째 질문에 대하여 "오염 물질 배출량을 줄일 필요가 있다"는 것임. 왜냐하면 오염 물질의 배출은 반드시 사회적 부작용을 유발하기 때문임. 즉 오염물질의 배출로 인해 인간과 생태계에 미치는

피해로 인해 개인적인 · 사회적인 비용이 발생함.

- 두 번째 질문에 대하여 한계피해비용 곡선과 한계저감비용 곡선이 교차하는 점에서 배출량이 결정될 수 있도록 부과금을 설정해야 함(〈그림 XI-1〉 참조).

  - 따라서 사회적 효율성이 달성되는 바람직한 수준의 오염물질 배출량은 사회적 비효율성을 모두 제거하는 점, 즉 최종적으로 배출된 오염물질 1단위가 유발하는 사회적 한계비용과 그 한 단위의 오염을 처리하기 위해 소요되는 한계저감비용이 일치하는 점에서의 오염 물질 배출량인 E_1 수준이 됨.

  - 그리고 사회적 최적 수준의 오염 물질 배출량인 E_1 수준을 달성하기 위해서 배출 부과금 역시 단위당 t_1원으로 결정되어야 함.

  - 이러한 배출 부과금의 결정원리는 피구세의 결정 원리와 동일함.

○ 최적 배출부과금 수준의 결정은 정책 당국이 오염물질의 배출과 관련된 모든 정보(MAC 곡선과 MD 곡선)를 알고 있을 경우 최적 피구세율의 결정과 동일한 원리에 의해 달성될 수 있음.

배출부과금제도의 비용효과성

○ 정책 당국이 최적 부과금을 결정하기 위하여 오염으로 인한 사회적 피해와 저감비용에 관한 모든 정보를 파악한다는 것은 불가능에 가까움.

- 따라서 정책 당국이 임의의 부과금률을 설정해 이를 모든 오염원에게 일률적으로 적용하는 경우에 직접규제 하에서 획일적 적용

은 비용효과성이 충족되지 못하지만, 배출부과금제가 실시되면 비용효과성이 충족될 수 있으며, 이것이 바로 부과금제가 직접규제에 비해 가지는 장점이라 할 수 있음.

○ 동질적 오염물질을 배출하는 다수의 오염자에게 동일한 부과금률을 적용할 경우에 비용효과성이 충족됨.

– 어떤 지역에 두 오염원 A와 B가 있고 모두 동질적인 오염물질을 배출한다고 가정하자.

– 〈그림 Ⅸ–2〉에서 배출부과금이 도입되기 이전에 두 오염원 A와 B의 오염물질 배출량은 각각 E_A^0와 E_B^0임. 따라서 이 지역의 오염물질 총배출량 $E_0 = E_A^0 + E_B^0$임.

– 이제 정책 당국이 최적 부과금의 수준을 모르는 상태에서 단위당의 배출부과금을 획일적으로 부과한다고 가정하자. 이 경우에 두 오염자는 부과금과 자신의 한계저감비용(MAC)이 일치하는 E_A^1과 E_B^1의 배출량을 각각 선택할 것임.

- 이 때 오염원 A의 저감량 $A_A^1 = E_A^0 - E_A^1$
- 오염원 B의 저감량 $A_B^1 = E_B^0 - E_B^1$가 됨.
- 따라서 총저감량 $= E_0 - (E_A^1 + E_B^1) = A_A^1 + A_B^1$

○ 배출 부과금 제도 하에서 정책 당국이 어떠한 부과금률을 일괄적으로 적용하여도 각 오염원 스스로 이 부과금률에 오염원 자신의 한계저감비용에 맞추어 배출량과 저감량을 결정하기 때문에 비용효과성이 충족되고, 정책 당국은 각 개별 오염원의 한계저감비용에 대한

정보를 갖고 있지 않더라도 비용효과성을 달성할 수 있음.

○ 정책 당국이 개별 오염원의 한계저감비용을 모르는 상태에서 목표 배출저감량을 달성하기 위해서 순차적으로 부과금률을 변경하는 방법을 사용할 수 있음.

- 〈그림 XI-2〉에서 배출 부담금률을 t_1에서 t_2로 인상하고 그 결과로 발생하는 저감량이 정부의 목표치와 부합하는지 확인함.

〈그림 XI-2〉 배출 부과금의 비용 효과성

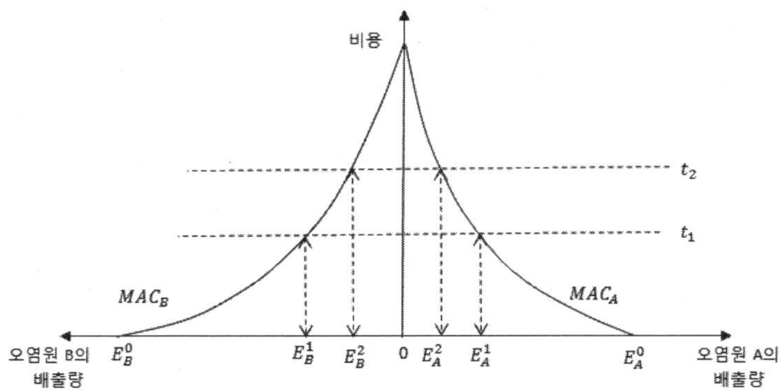

정책집행비용과 대안

○ 배출부과금제도는 단기적인 효율성과 장기적인 기술혁신의 유인을 제공한다는 측면에서 정부의 직접규제에 비해 더 우월한 제도라 할 수 있음.

- 그러나 직접규제가 현실적으로 많이 사용되는 이유는 부과금제도를 실행하기 위해 소요되는 비용이 직접규제 비용에 비해 훨씬 크

기 때문임.

- 직접규제 하에서 정책 당국은 법이 정한 배출기준이나 기술기준을 오염원이 실제 준수하고 있는지 여부를 간헐적으로 조사하면 됨. 반면에 부과금제도하에서는 정부는 특정기간 동안 각 오염원이 배출한 총배출량을 파악해야 하고, 이를 위해 정부는 각 오염원의 배출량을 지속적으로 계측해야 하기 때문에 집행 비용이 지속적으로 지출되는 단점이 있음.

○ 정책 당국이 배출부과금제도가 가지는 장점을 어느 정도 보유하면서 정책 집행비용을 절약하기 위해 흔히 사용되는 정책으로 제품 부과금(또는 상품세) 제도와 폐기물예치금제도가 있음.

- 제품 부과금(product charge) 제도는 정부가 소비과정이나 생산과정에서 많은 오염물질을 유발하는 제품에 대해 제품 단위당 특정 금액의 부과금 또는 세금을 부과하는 정책임. 제품 부과금제도는 제품에 부과금을 부과하기 때문에 간접 환경세로 분류할 수 있음.

  • 제품 부과금을 부과할 경우 정책 당국은 오염물질 배출량을 일일이 감시할 필요 없이 기업이 생산한 제품 수만 파악하면 되기 때문에 정책 집행 비용을 줄일 수 있음.

  • 이 제도는 배출부과금제도에 비해 정책집행의 간편성은 있지만 상대적으로 비효율성도 내포하고 있음. 왜냐하면 배출부과금의 경우 기업은 생산량의 축소, 오염저감장치의 가동, 생산공정의 변화 등을 통해 배출량을 감소시킬 수 있으나 제품부과금제도 하에서 생산자는 반드시 생산량을 줄여야만 배출량을

감소시킬 수 있기 때문에 배출량 감소를 위해 생산자가 선택할 수 있는 수단은 매우 제한적임.

- 폐기물예치금제도(deposit-refund system)는 원료의 재활용을 촉진하고 독성이 강한 물질이 무단으로 버려졌을 때 발생할 환경 오염을 방지하기 위해 시행되는 정책임.

  - 재활용을 하여야 할 제품을 판매하거나 구매하는 모든 오염자에게 일단 벌칙을 부여한 뒤, 오염자가 재활용을 하지 않아 실제로 환경을 오염시킬 경우에는 예치금을 반환해 주지 않는 반면에 재활용을 통해 환경을 오염시키지 않으면 벌칙을 철회하고 예치금을 반환하여 줌.

2. 보조금

보조금의 종류

○ 보조금은 오염자가 오염물질의 발생량을 감소시키거나 이를 위한 시설 투자를 설치할 경우 그 비용의 일부를 정부가 보조해 주는 제도임.

- 보조금은 그 형태에 따라 무상지원(grant), 저리융자(soft loan), 조세감면(tax allowances) 등이 있음.

  - 무상지원은 아무런 반대급부 없이 재정적인 지원을 하는 것으로 일반적으로 연구개발을 촉진하기 위해 쓰이는 방법임.

  - 저리융자는 환경질의 개선을 위한 기업의 활동에 필요한 자금

을 대출해 주는 제도임. 다만, 대출금에 대한 이자율을 시장금리 보다 낮게 책정함으로써 이자부담액의 차이만큼 기업에 대해 무상 지원하는 효과가 발생하는 것으로 오염방지시설에 대한 투자 촉진을 위해 사용되는 정책수단임.

- 조세감면제도는 기업에 부과되는 세금을 줄여 줌으로써 기업으로 하여금 오염배출량을 줄이려는 노력을 유도하는 방법.

오염물질 저감시설에 대한 보조

○ 오염물질 발생량을 줄이는 데 필요한 시설을 오염자가 설치할 경우 그 비용의 일부를 정부가 보조해 주는 정책임.

– 축산 폐수를 줄이기 위한 폐수 정화시설은 영세 축산농가가 부담하기에 고가이기 때문에 영세한 축산농가가 설치하려면 재정적 부담이 큼. 이 경우 정부가 정화시설에 대해 각종 보조금이나 저리융자를 해 주는 경우가 저감시설에 대한 보조 정책임.

○ 오염물질 저감시설에 대한 보조정책을 통해 사회적 최적 규모의 시설을 유도할 수 있음. 왜냐하면 축산농가의 입장에서는 정화시설의 단위 규모당 실질 구입가격이 하락하기 때문에 정화시설을 설치할 수 있는 유인이 발생하게 됨.

– 오염 물질 저감시설에 대한 보조정책은 오염자가 선택할 수 있는 여러 저감 노력 중에 한 가지 방법에 대해서만 보조를 받기 때문에 오염자가 취할 수 있는 선택의 폭이 제한될 수 있음.

○ 오염자는 정부 당국이 정한 오염 물질 배출 상한 내에서 자유롭게 오염물질을 배출할 수 있는데, 만약 오염자가 정부가 부여한 상한보다 적은 양의 오염 물질을 배출하면 이 차이에 대해 단위당 특정 금액만큼의 보조금을 정부가 오염자에게 지불하며, 이를 저감보조금(emission subsidy)이라 함.

3. 배출권거래제

배출권거래제의 특징

○ 배출권거래제는 비교적 최근에 개발된 정책 수단이지만 많은 주목을 받고 있음.[31]

– 특히 1992년에 지구온난화에 대처하기 위한 기후변화협약(UNFCCC: United Nations Framework Convention on Climate Change)이 체결되었으며, 1997년 교토의정서가 채택되어 기후변화협약에 따른 온실가스 감축목표치를 규정하면서 온실가스 배출량의 감축의무를 지닌 국가들 간에 이산화탄소를 포함한 온실가스 배출권 거래에 대한 논의가 활발해지면서 크게 주목 받고 있음.

○ 배출권거래제는 오염자가 오염물질의 배출에 대해 일정액의 대가를 지불하게 하거나 오염물질의 감축에 대해 일정액을 보상해 줌으로써 오염자가 스스로 자신의 온실가스 배출량을 결정하게 하는 방식임.

---

31 우리나라의 경우 2012년 5월 2일 국회에서 '온실가스 배출권의 할당 및 거래에 관한 법률'이 통과되었으며, 배출권거래제 시행은 2015년부터로 예상됨.

○ 배출권거래제 하에서 정책 당국이 한 국가의 전체 배출 가능량을 먼저 정한 뒤, 전체 배출량을 각 오염원에게 할당하여 각 오염원이 배출할 수 있는 상한을 결정하여 줌.

– 이러한 절차는 배출기준을 이용한 직접규제와 같으나, 각 오염원이 소유한 배출권리(permit to emit pollutants)를 서로 매매할 수 있다는 점에서 근본적인 차이가 존재함.

– 각 오염원은 자신이 원하는 만큼의 오염물질을 배출하려면 그 배출량만큼의 배출권을 가지고 있어야 함. 오염원의 배출권이 배출량보다 적을 경우, 부족분을 다른 오염원으로부터 배출권을 구입해야 하는데. 그 구입 가격은 배출권 시장에서 결정됨.

• 오염자는 각각의 감축목표 수준을 강제 당하는 것이 아니라 배출권의 시장가격과 자신의 오염저감비용을 비교하여 스스로 배출권을 판매하거나 구입할 수 있도록 허용한다는 점에서 직접규제와는 구별됨. 결국 오염 당사자 간에 배출권의 거래를 허용함으로써 규제대상이 자신의 여건에 맞는 배출 수단과 배출량을 결정할 수 있도록 고안된 제도라는 측면에서 경제적 유인수단의 성격을 지님.

– 정부는 배출권의 총량을 정하여 각 오염원에게 분배해 준 뒤에는 오염원들이 자신이 보유한 배출권리보다 더 많은 양의 오염물질을 배출하지 않도록 감시하는 의무만 가지게 됨.

○ 배출권거래제의 시행은 배출권의 할당, 배출권 거래시장의 형성, 그리고 배출총량의 준수 여부에 대한 사후확인 절차의 세 가지 요소로 구성되어 있음.

- 세 가지 요소 중에서 배출권의 할당은 대기나 수질과 같은 공공재에 대한 소유권을 설정하는 문제이기 때문에 선례가 많지 않을 뿐만 아니라 단점이 없는 방식은 존재하지 않음.

  - 이에 따라서 배출권의 초기 할당과 관련하여 가장 많은 논쟁과 저항이 뒤따르고 있음. 왜냐하면 오염자는 배출권 할당 초기에 가능한 한 많은 배출권을 할당받아야 배출량 저감에 따른 비용 부담이 줄어들 수 있고 오히려 배출권을 배출권 시장에서 판매하면 수익을 창출할 수 있기 때문임.

배출권거래제의 원리 및 효율성

○ 동질적 오염에 대한 적용: 배출량기준 거래제

- 동질적 오염물질에 대해 시행되는 배출권거래제는 배출량기준 거래제(emission permit system: EPS)임.

  - 동질적 오염물질에 대해 시행되는 배출권 거래제도 하에서 오염자가 참여하는 시장이 단 하나 존재하며, 오염자가 가지고 있는 모든 배출권은 동일한 가격으로 1:1로 거래됨.

  - 오염원 A가 오염원 B로부터 이산화탄소 1톤을 배출할 수 있는 권리를 3만원에 구입하면, 오염원 A는 이산화탄소 1톤을 추가로 배출할 수 있고, 오염원 B는 반대로 1톤의 이산화탄소를 저감해야 함.

  - A와 B사이의 거래가격인 3만원/1톤은 배출권시장에 참여하는 다른 모든 거래자간의 거래에 있어서도 동일하게 형성될 것임.

○ 배출권거래제도는 오염원이 할당된 배출권의 범위 내에서 오염물질의 배출 또는 잔여배출권의 판매 등 각기 자신의 이익에 따라 행동할 수 있도록 허용함으로써 효율적으로 정책목표를 달성하는 수단임.

– 먼저 배출권 거래제도가 시행되기 위해서는 배출권을 할당해야 하는데, 할당된 배출권의 총량이 오염원들의 기존 배출총량보다 작아야 함. 따라서 배출권의 할당은 오염자의 입장에서 보면 오염배출량의 감축목표를 할당받는 것과 같음.

– 이 상황에서 개별 오염원은 다음 네 가지 중 하나의 선택을 해야 할 것임.

- 각 오염원은 자신에게 할당된 의무감축량을 자체적으로 달성하는 것
- 각 오염원은 자신에게 할당된 의무감축량을 초과달성하고 잔여 배출권을 다른 오염원에게 판매하는 것
- 각 오염원은 자신에게 할당된 의무감축량 중 일부는 자체적으로 감축하고 나머지는 다른 오염원으로부터 배출권을 구매하여 의무감축량을 충족시키는 것
- 각 오염원은 자신에게 할당된 의무감축량을 채우지 못하고, 그로 인해 정부가 정한 제재를 감수하는 것

○ 배출량기준 거래제의 가격결정과 비용 효과성

– 이제 두 오염원 A와 B가 배출권 거래시장을 구성한다고 가정

- E_A^0와 E_B^0 : 환경정책 도입 이전의 각 배출량

- a = 전체 저감량, 즉 허용 배출량 = $E_A^0 + E_B^0 - a$. 이 허용 배출량을 배출권으로 두 오염원에게 할당함.

- R_A^0와 R_B^0 : 정부가 나름대로의 기준에 의한 각 오염원의 배출권. 따라서 각 오염원의 배출권의 합은 허용 배출량과 일치할 것임, 즉, $(R_A^0 + R_B^0 = E_A^0 + E_B^0 - a)$

- a_A^0와 a_B^0 : 각 오염자의 거래제 시행 시점의 할당된 배출권에 따른 저감량. 즉, $a_A^0 = E_A^0 - R_A^0$, $a_B^0 = E_B^0 - R_B^0$.

〈그림 XI-3〉 배출권거래제의 가격결정과 효율성

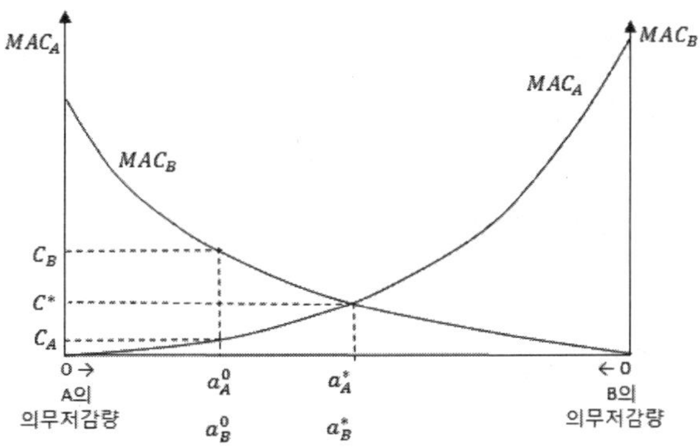

– 배출권거래제 시행 시점에서 각 오염원의 한계저감비용은 다음과 같음.

- $MAC_A(a_A^0) = C_A < MAC_B(a_B^0) = C_B$. 즉 오염원 A의 한계저감비용이 오염원 B의 한계저감비용보다 낮음.

– 이러한 상태에서 배출권의 시장이 형성되어 오염원 B가 C_A와 C_B 사이의 어떤 값을 배출량 단위당 지불하고 오염원 A로부터 배출권을 더 구입할 것을 제안한다고 가정하자.

- 오염원 B: 제시된 배출량 단위당 지불 가격이 자신의 한계저감비용 보다 작기 때문에 이 제안이 성사되면 오염원 B는 직접 저감할 때보다 적은 비용으로 배출량이 늘어나기 때문에 오염원 B는 이익을 얻게 됨.

- 오염원 A: 자신의 한계저감비용보다 더 높은 가격을 받으므로 오염원 B의 제안을 받아들여 배출권의 일부를 오염원 B에게 넘겨주고 오염물질 저감량을 늘리는 대신, 배출권 판매로 인한 수입을 얻을 경우 더 큰 이득을 보게 됨.

– 따라서 이 거래는 성사되고, 두 오염원의 한계저감비용이 일치하는 수준까지 거래가 이루어질 것임. 그리고 균형점에서의 한계저감비용은 배출권의 시장가격인 C^*가 될 거임. 결국 자발적으로 배출권을 거래하여 각 오염원의 한계저감비용이 일치하여 비용효과성을 달성하게 됨.

배출권거래제의 고려 사항

○ 배출권의 초기 할당 문제

– 배출권거래제가 시행되는 최초 시점에 정책 당국이 어떤 방식으로 배출권을 할당하느냐에 따라 배출권의 가격과 각 오염원이 보유하는 배출권의 양이 달라짐

- 우선 배출권을 유상으로 할당할지, 무상으로 할당할 지를 결정해야 함.

- 무상으로 할당하면 어느 오염원에게 어느 정도를 할당해야 할지를 결정해야 함.

- 배출권을 경매 등의 방법을 이용하여 유상으로 할당하는 경우
  - 장점: 정책 당국은 배출권 판매로 수입을 얻게 되고, 환경관리를 위해 필요한 재원으로 활용 가능함.
  - 단점: 오염원의 경제적 부담이 가중함. 이를 해결하기 위해 정부는 배출권의 일부나 전부를 무상으로 할당할 수 있음.
- 배출권을 무상으로 분배하는 경우
  - 모든 오염원에게 동일한 양의 배출권을 할당하면 형평성은 충족되나, 각 오염원의 생산활동 규모의 차이 등을 무시하게 되는 문제점이 발생될 수 있고 이에 따라 할당에 대한 오염원의 저항이 있을 수 있음.
- 정책이 시행되기 전에 각 오염원이 배출하던 배출량에 비례하게 배출권을 할당하는 경우
  - 문제점: 오염물질 저감을 위해 많은 노력을 이미 기울인 기업에게는 매우 불리한 방법이며, 배출권거래제 시행 시점에 오염물질 배출량을 의도적으로 늘리려는 유인이 발생함.
  - 절충안: 전체 배출권의 일부는 모든 오염원에게 동일하게 할당한 뒤, 나머지를 오염원의 배출량에 비례하게 분배

○ 배출권 시장의 크기

- 배출권 거래 시장을 완전경쟁시장에 가깝게 하기 위해서 단일 배출권시장에 통해서 많은 거래자가 참여할 수 있게 함.

참고문헌

김남일(2002), "한국 전력시장에서의 전략적 행동분석: 쿠르노 모형의 적용,"「경제학연구」, Vol. 51, pp 89-111.

김대욱(2008), "경쟁이 효율성을 증가시키는가?," 자원 · 환경경제연구, Vol. 17(1).

김대욱 · 김종호(2010), "휘발유소매시장에서 브랜드와 경쟁에 관한 연구," 산업조직연구, 제 18집 2호, pp. 75-95.

_______, "소비자의 탐색활동과 가격분산: 주유소종합정보시스템의 도입을 중심으로,"「경제학연구」, 제58권 제1호, pp. 37-56.

_______(2011)," 셀프서비스 주유소의 진입에 관한 실증적 연구: 이중차분모형을 통한 접근,"「경제학연구」, 제59권 제2호, pp. 77-99.

김대욱 · 최우진 · 최자영, "우리나라 전력시장의 시장지배력 측정에 관한 연구,"「규제연구」, 제21권 제1호, pp. 33-51.

김종호 · 김대욱(2009), "주유소의 제품별 유류가격 분산에 관한 실증연구: 소비자의 탐색편익과 탐색빈도를 중심으로," 산업조직연구, 제17집 2호.

김승우 외 7인, 『환경경제학: 이론과 실제』, 제2판(2005), 박영사.

권오상, 『환경경제학』, 제2판(2007), 박영사.

이준구, 『미시경제학』, 제5판(2008), 법문사

이원우 · 노동석(2004),『전력산업 구조개편이 발전연료 선택에 미치는 영향연구』, 에너지 경제연구원.

윤형호 · 이의영(2008), "서울시 주유소 휘발유 가격결정에 관한 연구," 산업조직연구, 제 16집 2호.

전영서(2005), "구조개편 이전과 이후 전력산업의 사회적 후생 손실규모," 규제연구, Vol. 14, pp 67-102.

지식경제부,「석유산업미래비전과 발전전략」, 2011.

한국전력공사, 『한국전력통계』, 각년도.

한국전력공사, 『정량적 분석기법을 이용한 전력산업 모델연구』, 2008년.

한국전력거래소, 『전력시장종합분석시스템의 진단기법 정립에 관한 연구』, 2009년.

Appelbaum, E.(1982), "The Estimation of the Degree of Oligopoly Power," *Journal of Econometrics*, Vol. 19, pp. 287-299.

Apt, J.(2005), "Competition has not lowered U.S. Industrial Electricity Prices," *The Electricity Journal*, Vol. 18, pp. 52-61.

Averch, H and L. Johnson(1962), "Behavior of the Firm under Regulatory Constraint," *American Economic Review*, Vol. 52, pp. 1052-1069.

Borenstein, Severin, James B. Bushnell and Frank Wolak(2002), "Measuring Market Inefficiencies in California's Restructured Wholesale Electricity Market," *American Economic Review*, Vol. 92, pp. 1376-111.

Brander James A. and Zhang Anming(1990), "Market Conduct in the Airline Industry: An Empirical Investigation," *Rand Journal of Economics*, Vol. 21, pp. 567-583.

Brander James A. and Zhangm Anming(1993), "Dynamic Oligopoly Behaviour in the Airline Industry," *International Journal of Industrial Organization*, Vol. 11, pp. 407-435.

Bresnahan, T. F.(1989), "Empirical Studies of Industries with Market Power," In R. Schmalensee and R. D. Wilig, eds., The Handbook of Industrial Organalization. New York: North-Holland, pp. 1011-1057.

Borenstein, Severin, James B. Bushnell, Christopher R. Knittel(1999), "Market Power in Electricity Markets: Beyond Concentration Measures," *Energy Journal*, Vol. 20, pp. 65-68.

Borenstein, Severin, James B. Bushnell and Frank Wolak(2002), "Measuring Market Inefficiencies in California's Restructured Wholesale Electricity Market," *American Economic Review*, Vol. 92, pp. 1376-1405.

Byoung-Hoon Lee and Hyeon-Hyo Ahn(2006), "Electricity Industry Restructuring Revisited: the Case of Korea," *Energy Policy*, Vol. 34, pp 1115-1126.

Cambridge Energy Research Associates(2005), "Beyond the Crossroads: The Future Direction of Power Industry Restructuring," Cambridge Energy Research Associates.

Dae-Wook Kim and Christopher Knittel(2006), "Biases in Static Oligopoly Models?: Evidence from the California Electricity Marker," *Journal of Industrial Economics*, LIV(4), pp 451-470.

Fabrizio, Kira, Nancy Rose and Catherine Wolfram, "Does Competition Reduce Costs? Assessing the Impact of Regulatory Restructutring on U.S. Electric Generation Efficiency," forthcoming in the American Economic Review.

Field, B. and M. Field (2009), Environmental Economics: An Introduction, McGraw · Hill.

Gelfand, Mattew D. and Pablo T. Spiller(1987), "Entry Barriers and Multiproduct Oligopolies: Do they Forebear or Spoil?" *International Journal of Industrial Organization*, Vol. 5, pp. 101-103.

Gollop, F. and M. Roberts(1979), "Firm Interdependence in Oligopolistic Markets," *Journal of Econometrics*, Vol. 1, pp. 313-331.

Joskow, Paul(1974), "Inflation and Environmental Concern: Structural Change in the Process of Utility Price Regulation," *Journal of Law and Economics*, Vol. 17, pp, 291-327.

Joskow, Paul and E. Kahn(2002), "A Quantitative Analysis of Pricing Behavior in Claifornia's Wholesale Electricity Market during Summer 2000," *Energy Journal*, Vol. 23, pp. 1-35.

Hastings, J.(2004), "Vertical Relationships and Competition in Retail Gasoline markets: Empirical Evidence from Contract Changes in Southern California," *American Economic Review*, Vol. 94(1), pp. 317-328.

Kadiyali, Vrinda(1997), "Exchange Rate Pass-through for Strategic Pricing and Advertising: An Empirical Analysis of the U.S. Photographic Film Industry," *Journal of Industrial Economics*, Vol. 43, pp. 437-461.

Kadiyali, Vrinda, Vilcassin, Naufel, and Pradadeep Chintagunta(1999), "Product Line Extensions and Competitive Market Interactions: An Empirical Analysis," *Journal of Econometrics*, Vol. 89, pp. 339-363.

Knittel, R. Christopher(2002), "Alternative Regulatory Methods and Firm Efficiency: Stochastic Frontier Evidence from the U.S. Electricity. Industry," *Review of Economics and Statistics*, Vol. 84(3), pp 530-540.

Porter, Robert H.(1983), "A Study of Cartel Stability: The Joint Executive Committee, 1880-1886," *Bell Journal of Economics*, Vol. 14, pp. 301-314.

Puller, Steve, "Pricing and Firm Conduct in California Deregulated Electricity Market," forthcoming in the Review of Economics and Statistics.

Raper, Kelli Curry, Love, Alan H., and Richard C. Shumway(2000), "Determining Market Power Exertion between Buyers and Sellers," *Journal of Applied Econometrics*, Vol. 15, pp. 225-252.

Spiller, Pabler T., and Edgargo Favaro(1984), "The Effects of Entry Regulation on Oligopolistic Interaction: The Uruguayan Banking Sector," *Rand Journal of Economics*, Vol. 15, pp. 244-254.

Wolfram, Catherine D.(1999), "Measuring Duopoly Power in the British Electricity Spot Market," *American Economic Review*, Vol. 89, pp. 805-826.

Wolak, Frank(2003), "Measuring Unilateral Market Power in Wholesale Electricity Markets: The California Market," 1998-2000, *American Economic Review Papers and Proceedings*.

본 저서는 2011년도 지식경제부의 재원으로 한국에너지 기술평가원(KETEP)의 지원을 받아 수행한 결과물입니다. (No.20114010203110)